その虐殺は皆で見なかったことにした

トルコ南東部
ジズレ地下、
黙認された惨劇

舟越美夏

河出書房新社

目次

第一部　対テロ戦争の間《はざま》で　7

第二部

人々は地下から助けを求めていた 41

その虐殺は皆で見なかったことにした

トルコ南東部
ジズレ地下、
黙認された惨劇

第一部

対テロ戦争の間《はざま》で

第一章 世界の終末の風景

世界の終末を思わせる光景だった——。

これは国連人権高等弁務官事務所（ＯＨＣＨＲ）が二〇一七年二月にまとめた報告書「トルコ南東部における人権状況」の中の一文である。トルコ政府が二〇一五年七月から二〇一六年十二月までの間に南東部で実行した治安対策が、その地域の人口の大半を占めるクルド人の生活と生命にどんな影響を及ぼしたかについての調査報告書であった。

トルコ南東部は中東の先住民、クルド人の居住地域で、一九九〇年代には、クルドの権利と自由を求める非合法組織クルド労働者党（ＰＫＫ）とトルコ国軍が激しい戦闘を交わした。その地域で軍と治安部隊による著しい人権侵害が起きているという国際人権団体などからの情報が届き、人権高等弁務官は二〇一六年五月、トルコ政府に対し、ＯＨＣＨＲ

の独立した現地調査を受け入れるよう要請した。政府から回答がなかったことから、OHCHRの方法論に基づく調査が実施された。報告書は、OHCHRの「遠隔監視チーム《リモートモニタリング》」が、目撃者や犠牲者親族に実施したインタビュー、トルコ政府から提供された情報、トルコ国内外のNGOからの情報、公的記録、衛星写真、ビデオ映像や写真、音声録音などを検証・分析し、作成されている。

報告書はまず、トルコ政府の主張に一定の理解を示している。「クーデター未遂やテロ攻撃など、トルコが複雑な状況に直面していることを承知している」とし、「PKKの度重なる暴力的攻撃によって兵士や治安部隊、市民が死傷し、子どもまでを誘拐したとする政府の報告に留意する」とも言う。国軍が二〇一五年七月から戦闘態勢を整えた何千もの部隊や空軍を南東部に送ったのは「バリケードや塹壕を設置したPKKの軍事作戦に対応したからだ」とする政府の説明も紹介した。しかし、と報告書は書く。

「それであっても、二〇一五年七月以降の人権状況の悪化に、深く憂慮している」

三十以上の自治体や地区に二十四時間の厳しい外出禁止令。市街地で重火器を使った過剰な攻撃、殺人、拷問。死者は千二百人の市民を含む約二千人、国内避難民は三十五万人から五十万人に上った。

世界の終末を思わせるほどの大規模な破壊が行われたのは、ジズレという町であった。「二十四時間の外出禁止令が二〇一五年十二月十四日に始まり、水や電気が切られ、食糧の調達ができなくなった。人々はこれを「集団処罰」と理解した。町は激しい砲撃に晒され、スナイパーが町中の家屋の屋根に配置された」

「二〇一六年一月下旬から二月上旬、国軍と治安部隊の激しい攻撃を避けて、子どもを含む最大で百八十九人が三つの地下室に逃げ込んだ。一年で最も寒い時期で、人々は水や食糧、医療、電力がないまま何週間も閉じ込められた。砲撃が止まない中で、数人が携帯電話で国会議員やＮＧＯを通じ、国際社会に呼び掛け、救出を懇願していた」

「犠牲者の家族と、ＮＧＯが作成した調査報告書によれば（地下室に閉じ込められていた人々の）遺体は、砲撃に起因した火事とその後に性急に行われた建造物取り壊しにより、完全に、あるいは部分的に破壊されていた。取り壊しで事件の証拠が失われ、遺体確認作業が大きく妨げられた」

「地下室で死亡したある女性の家族は検察官に呼び出され、ＤＮＡ鑑定で遺体が判明したとして、黒こげの小さな三つの肉片を渡された。死亡の経緯や法医学的な説明はなく、女性の家族が説明責任を求めて法的手続きを取ろうとしたところ、当局によりテロ容疑で告発された」

「当局は、犠牲者はテロ組織のメンバーであると非難し、遺族に圧力を掛けた。地元検察官は、調査を一貫して拒否しており、法の正義を求める遺族たちの希望は叶えられていない。二〇一六年六月二十三日に採択された法律は、「対テロ作戦」で行われた行為の免責を認め、治安活動の過程で行われた違反行為について軍と法執行当局が訴追されないよう法律が規定された。二〇一六年七月のクーデター未遂で、三千人を超える裁判官と検察官が解雇され、法の正義の実現はさらに困難になったと、ＯＨＣＨＲは懸念している」

「ＯＨＣＨＲは、トルコ政府に完全で独立した調査を受け入れるように繰り返し呼び掛けている」

トルコは、人権擁護のリード役を自負する欧州連合（ＥＵ）と加盟に向けて交渉を重ねていた国である。その国で二十一世紀に起きた事件で助けを求める人々の声に、国際社会は沈黙したのだ。

OHCHR報告書が出される八カ月ほど前、私は「世界の終末を思わせる」破壊が行われた地を歩いていた。多数の市民が追い詰められて殺害されたかつての住宅地は広い空き地になっていた。大小のコンクリート片の隙間に埋まった毛布や絨毯の切れ端が日常生活の痕跡を示していた。強烈な太陽を吸収した瓦礫が放つ熱で、頭がぼんやりした。

なぜ、国際社会は黙殺し、彼らは残虐な方法で殺されなければならなかったのか。なぜ、私は知らなかったのか。

報告書は、ジズレの熱い空気と、慄然とする自分自身をも思い出させた。

国を持たない最大の民族

中東の先住民クルド人。彼らがどういう歴史を持った人々でどこに居住しているのか、すぐに思い浮かべられる人はそれほど多くないだろう。「クルド人」の名は、残虐な事件と共に歴史に時折、現れる。初めて私がその名を聞いたのは、イラン・イラク戦争の末期に、イラクのサダム・フセイン政権が化学兵器を使い数千人のクルド人が死亡したという報道であった。中東に詳しい知人が「山岳地帯に住む、勇敢な戦士で秀れた人たちだが悲劇の民族でもある」という表現でクルド人について解説してくれた。古い歴史を持つ中東の先住民族であると知っても、彼らがどんな文化と歴史を持つ人たちで、どこに住んでいるのか、ほとんど知らないままだった。

クルド女性の姿が報じられたのは、それから随分経ってからである。二〇一五年、トルコ国境近くのシリアの町で、イスラム国（ＩＳ）と戦う勇猛果敢なクルド女性戦闘員たち。そして性奴隷とされたことを明かしてＩＳを告発し二〇一八年にノーベル平和賞を受賞した人権活動家ナディア・ムラドの存在である。報道は世界を驚かせ、その勇気と強い意志に多くの人が感銘を受けた。私は、ベトナムやロシア、アフリカなど戦争を経験した土地で会った女性たちを思い出していた。愛する人たちを守るために敵の前に敢然と立ちはだかる女性たちである。

「国を持たない最大の民族」という表現を知ったのはその頃だった。推定人口は約三千五百万人。中東では、アラブ、イラン、トルコの各民族に次ぎ四番目に大きな民族だが、居住地域が国境によって分断されてしまったために、現在は主にトルコ、シリア、イラン、イラク、アルメニアのそれぞれの国で「少数民族」として暮らしている。彼らは伝統的な居住地域を「クルディスタン」と呼び、それは四十万平方キロに及ぶが、地図上にはない。

クルド人の起源は定かではない。古くから住んでいたチグリス川とユーフラテス川の間の平原や山岳地帯は、高度な文明が発達し古代から興亡が繰り返されてきた地域である。

クルド人が居住していたオスマン帝国（一二九九－一九二二）は、ヨーロッパ、アジア、北アフリカにまたがる広大な多民族国家だった。支配下には、様々な宗教と民族が存在したが、改宗を強いられず一定程度の自治を認められていた。

だが、第一次大戦でオスマン帝国は、ドイツ・オーストリアの同盟国側について敗北した。英仏などの連合国は一九二〇年、クルドに自治や独立を約束することを含んだセーブル条約の締結をトルコに強いた。オスマン帝国を分割するこの条約にトルコは激しく反発し、ギリシア、英仏、イタリア各軍などとの戦いでは、トルコ人とクルド人は「国家を支える両輪」とされ共に闘った。

ギリシアとの戦争にトルコが勝利したことでセーブル条約は破棄され、一九二三年にローザンヌ条約が締結された。それには、クルドの独立は含まれていないばかりか、新たに引かれた国境線でクルド人の居住区はいくつもの国に分断されてしまった。

「クルドの不運は、彼らの郷土が、近代世界で最も攻撃的かつ膨張主義の四つのナショナリズム――トルコ、イラン、イラク、シリア――の合流点にあることだった」と、カナダ人ジャーナリスト、マイケル・イグナティエフは著書『民族はなぜ殺し合うのか――新ナショナリズム6つの旅』（幸田敦子訳、河出書房新社、一九九六年）で書いている。クルド人の独立と自由への希望は、四つのナショナリズムと天然資源などを巡る大国の思惑に翻弄されながら、利用し利用され裏切られるということを繰り返してきた。そして、現在もそれは続いている。

同化を強制されない権利

先住民族とは、どういう人たちを定義しているのかを確認しておきたい。

国連は、先住民族を「世界のもっとも不利な立場に置かれているグループの一つ」と説明している。「政策決定プロセスから除外され……社会に強制的に同化させられてきた。自分の権利を主張すると弾圧、拷問、殺害の対象となった。迫害を恐れてしばしば難民となり、時には自己のアイデンティティを隠し、言語や伝統的な生活様式を捨てなければならない」。二〇〇七年に採択された「国連の先住民族権利宣言」は、植民地政策や同化政策により固有の言葉や文化を否定され、土地を奪われるなどしてきた人々を先住民族と規定した。日本のアイヌ民族を含め、先住民は九十カ国に三億七千万人がいるという。

アイデンティティは、それを否定される立場に置かれた時、あるいはその立場に置かれた人と向き合った時に初めて、生死に関わる問題であると気づくものだ。米領グアムで出会ったチャモロ人芸術家は、自らのアイデンティティに苦しんでいた。空を見上げ、アメリカ英語で呟いた。

「俺はいったい誰なんだ」

スペイン統治時代に、持ち込まれた天然痘や戦争で十万の人口が千人にまで激減した。スペイン人らとの混血が進められ、その後の米国と日本の統治時代にも文化や言語が抑え込まれて、現在はアメリカ文化の中に埋もれつつあった。困惑と虚しさが混同した彼の表情はしばらく忘れられなかった。

先住民族の権利に関する国連宣言は、「同化を強制されない権利」や「自治を求める権利」をはじめとした四十四条で構成されている。しかし支配力を持つ側には、こうした「権利」や「アイデンティティ」への渇きは、自分たちに歯向かう脅威の始まりとして警戒心を抱かせるものでしかないだろう。一九四五年、独立宣言をしたベトナムの指導者ホー・チ・ミンは、宗主国だったフランスに「自由・博愛・平等」という崇高な精神をなぜ、アジアで実現しようとしないのかと問うた。ベトナムは独立を望んだ故に、フランスと米国という大国との苛烈な戦争を強いられることになった。

国を持たないクルド人の戦いは、さらに複雑で厳しい。

存在を否定された人たち

トルコには中東で最も多い約千五百万人のクルド人が住んでいる。そしてクルド人の同化政策を最も厳しく推し進めてきたのはトルコである。

一九二三年に創設された新生トルコ共和国の指導者ケマル・アタテュルクは、西欧化と近代化、世俗化を実現するために、政教分離、女性の権利拡大、法律の整備など数々の政策を実行した。二四年に定められた憲法には、「国民としてトルコに住居する者は、宗教及人種の別なく、トルコ人と呼ばれる」と定義された。事実上、トルコ系ではないイスラム教徒の同化政策であった。侵攻してきたギリシアを撃退するためにトルコ人と共に闘ったクルド人だったが、これにより存在そのものが否定され、自らの言語を話すことやクルド人と名乗ることすらできなくなった。「山岳トルコ人」と呼ばれ、「クルド人というものは存在しない」という認識が政治によって広められていった。

これに対し、クルド人は自由と独立を求めてしばしば立ち上がったが、その度にトルコ政府は圧倒的な武力で押さえつけた。クルド人に対する最後の大規模な軍事作戦は、急峻な山々に囲まれ自治を維持していたデルスィムと呼ばれた地であった。一九三七－三八年に政府は、無差別の苛烈な住民虐殺を実行した。正確な死者数は不明だが、一万人とも四万人ともいわれている。トルコへの同化政策は、この作戦後にさらに強硬に推し進められた。女児は家族から引き離されてトルコ人としての同化教育を受けさせられ、トルコ人将校の家庭にメイドなどとして引き取られたという[1]。

それから五十年近くが経過した一九八四年、クルドの独立を掲げるクルド労働者党（PKK）が武装闘争を開始した。トルコ国軍とPKKの激しい戦闘に巻き込まれ、市民を含め双方で約四万人が死亡した。

PKKの指導者オジャランは一九九九年二月、逃亡先のケニアで拘束され、トルコに移送されて死刑判決を受けた。トルコは欧州連合（EU）加盟のための交渉に向けて死刑制度を廃止してオジャランは終身刑となり、現在はイムラル島で服役している。マルクス・レーニン主義を掲げクルディスタンの独立を要求していたオジャランだが、服役中に、トランスナショナルかつ民主的な自治を基調としたクルド人による自治区の連邦化[2]の建設へと目標を変えていった。

▼1 ムラトハン・ムンガン編『あるデルスィムの物語——クルド文学短編集』磯部加代子訳、さわらび舎、二〇一七年、九頁。

▼2 今井宏平「PKKからKCKへ——オジャランの戦略とその限界」日本貿易振興機構（ジェトロ）アジア経済研究所、二〇一八年三月二十日。

一方で東西の岐路に位置するトルコは、欧米にとって重要な国であり、自分たちにも欧米が必要なことを熟知している。北大西洋条約機構（ＮＡＴＯ）の最東端に位置する重要な一員であり、米国に空軍基地の使用を許可している。ＥＵの生産拠点であり大国の武器市場でもある。隣国シリアで内戦が始まってからは、三百六十万人に上るシリア難民を抱え欧州に流入する難民の歯止めともなっている。

トルコが恐れているのは、隣国シリアの内戦に乗じて台頭したイスラム国（ＩＳ）ではなく、クルドの民族主義である。ＩＳ掃討で勝利の立役者となったシリアのクルド勢力が国際社会で存在感を増大させ、自治の領域を広げていることに神経質になっていた。大国が優先するのは自国の利害であり、先住民クルドの基本的人権や自由、独立や自治の夢ではない。複雑な地政学を生き抜くトルコはそのことも熟知しているに違いない。

第二章 和平交渉に託された希望

「全てはコバニから始まった」

瓦礫となったジズレの町を歩いた日々に、何人かから聞いた言葉である。コバニは、シリアのトルコ国境沿いにある、クルド人の町だ。トルコ政府とクルド側とが進めていた和平プロセスは何がきっかけで崩壊し、凄惨な結末への道を走り始めたのか。機会あるたびに投げかけた質問に返ってきた言葉がそれだった。

一九九〇年代に苛烈な戦闘を繰り広げた政府とクルド労働者党（ＰＫＫ）は、互いに「武装闘争では問題を解決できない」と認識し、和平プロセスを二〇一三年一月に開始したはずだった。それは、欧州連合（ＥＵ）加盟を目指す政府側にも、クルドの権利と自由を夢見るＰＫＫ側にも大きな利益をもたらすと期待された。しかし政府とＰＫＫの間にある根強い不信が簡単に払拭されるはずがなく、隣国シリアの混迷が、新たな局面をもたらしつつあった。

和平プロセスへの道

トルコ人とクルド人の和解を進めクルド問題を解決すると初めて公言したのは、現大統領のレジェップ・タイイップ・エルドアン率いる公正発展党（ＡＫＰ）政権であった。

ＡＫＰはエルドアンら改革主義者たちが立ち上げ、二〇〇二年十一月、経済の自由化などで急成長した地方の中小企業経営者ら新興中間層を取り込み、総選挙で勝利した。首相に就任したエルドアンは、三権分立や報道の自由などの民主化を約束し、同時に「クルド人との間にある問題」の解決を表明した。見据えていたのは、ＥＵへの加盟である。トルコは一九九九年に加盟候補国となり、加盟に向けた交渉が二〇〇五年に開始された。ＥＵの基準を満たすために必要とされていた憲法改正や法律整備、政治介入を繰り返す軍の弱体化など、民主化が進められ、その一環として二〇〇九年には国営のテレビとラジオが、クルド語による放送を始めた。

二〇一三年一月、エルドアン政権は、服役中のＰＫＫ指導者オジャランと、和平に向けた対話を開始する。オジャランは獄中から「トルコ人とクルド人は、イスラムの旗の下に数千年にわたり共に活動してきた」とするメッセージを読み上げ、ＰＫＫに停戦を訴えた。政府はクルド人の存在の認知、差別の解消などを憲法に明記すること、反テロ法の修正などクルド側の要望の実現を進め、ＰＫＫ側は武装解除を進める、和平プロセスの始まりだった。

それに伴い、トルコ語に改められていたクルド人の町の名称をクルド語に戻すことや私立学校でクルド語で授業することが認められた。多くのクルド人は、この和平プロセスに希望を見出していた。自分たちの言葉を話し、クルド人だと名乗っても逮捕されない。クルドの旗を掲げることもできる。遂に自由の日が来る――。

しかし、隣国シリアの内戦が、和平プロセスに大きく影響していく。

シリア内戦がもたらしたもの

シリアで内戦が始まったのは、トルコで和平プロセスが始まる二年前のことである。自由と民主主義を求める「アラブの春」がシリアに到達し、アサド政権と反政府勢力のそれぞれが大国を巻き込み、状況は混迷を極めていた。それに乗じてイスラム国（ＩＳ）が台頭し、混乱の中で数百万人が国外に逃れた。

二〇一四年九月、ＩＳは、トルコとの国境に接するクルド人の町、コバニへの侵攻を開始した。コバニはシリアの要衝である。約二十万人のクルド人がトルコ側に逃げ込み、国連は「数千人規模の虐殺が起こる可能性がある」と警告した。防戦するシリアのクルド組織民主統一党（ＰＹＤ）の軍事部門、人民防衛隊（ＰＹＧ）は当初劣勢にあった。米軍が空爆で支援し、イラクから駆けつけたクルド治安部隊、ペシュメルガの女性兵士たちの凜とした姿が報道され、コバニはＩＳとの戦いの象徴として世界の注目を集めた。

国連はトルコに、米国が率いる有志連合への支援を要請したが、ＰＹＤをＰＫＫとつながるテロ組織とみるエルドアン大統領は消極的だった。米国の武器がクルド勢力に流れることも、大統領には我慢がならなかった。しかし米国が要請した、インジルリク空軍基地の使用と、イラクからコバニに向かうペシュメルガがトルコを通過することは渋々、承諾した。

トルコ政府の消極姿勢は、南東部のクルド人たちには「同胞を助けない政権」と映った。多数の若者らがデモに繰り出し、政府へ抗議の声を上げた。トルコ領内を堂々と通過してシリア側に入っていくＩＳ民兵たちの映像が報じられ、それが不信感と疑惑をさらに強めていた。

「エルドアン政権はＩＳを支援しているのではないか」

「この政権は、クルド人を守らない」

抗議した多数が逮捕され、若者らの間に政府への不満が渦巻いた。二〇一四年十月下旬、ＰＫＫの青年部隊が南東部の町ジズレで、一部の地区を自治下に置くと宣言した。この動きをトルコの治安部隊は静観していたという。

二〇一五年一月、クルド勢力が主力となった戦いでＩＳは敗走し、米国は勝利を宣言した。それを機会にＰＹＤはシリアでの自治支配の領域を広げた。エルドアン大統領はそれを苦々しい思いで見つめていたはずだ。独立要求にもつながりかねないクルドの自治は決して認められない。国境の向こうで強まるクルド勢力の「民主的自治」がトルコ南東に広がることがあってはならないことだった。対ＩＳでの勝利で活気付いた自治への希望の芽は叩き潰さねばならなかった。

和平プロセスが崩壊する

シリア内戦が混迷を深めるにつれ、和平プロセスも一進一退を重ねた。それでも二〇一五年二月二十八日、クルド系政党、人民民主主義党（ＨＤＰ）の代表団は首都アンカラの首相府で、政府側と和平プロセスの進捗状況を協議した。エルドアン大統領に後継者として指名され首相に就任したダウトオールとＨＤＰのスッル・スレイヤ・オンデル国会議員は協議後に共同会見を開き、ＰＫＫのオジャラン党首が「武装解除のための会議を開催するよう呼び掛けた」メッセージを発表した。ダウトオール首相は「和平プロセスが新たな段階に入った」と述べ、紆余曲折しながらも前進しているように見えた。

ところが六月七日の総選挙を前にして、エルドアン大統領は「クルド問題など存在しない」と発言する。和平プロセスに冷や水を掛けたこの言葉は、政権への不信感を深めるものとしてクルドの人々の記憶に残った。

六月総選挙は、エルドアン大統領の見込みが大きく外れる結果となった。HDPが女性やLGBTら性的マイノリティの権利拡大などを訴えてトルコ人有権者も取り込み大躍進し、得票率を十三パーセントとして初の議会入りを果たしたのだ。これに対し与党AKPは支持を大きく落とし、単独で政権を立ち上げる条件である過半数の議席を取れなかった。エルドアン大統領は、和平プロセスによりクルド人の支持を取り込めると考えていたが、実際には大統領の権威主義が強まったことにうんざりした人々がAKPから離れたとみられている。AKPは連立を模索したがうまくいかず、エルドアン大統領は十一月に再選挙を実施すると宣言した。

総選挙から一カ月後の七月、和平プロセスは崩壊した。きっかけとなったのが何だったのかは明確ではないが、事件が立て続けに起きた月であった。

七月十一日、トルコ軍が軍用道路の建設など「戦争準備を進めている」ことを理由に、

ＰＫＫが停戦終了を発表した。七月二十日、シリア国境に近い町スルチの文化センターでＩＳの犯行とみられる爆発が起き、三十人以上が死亡した。さらに二十二日にシリアと国境を接するジェイランプナルでテロ対策局に所属する二人の警察官が自宅で射殺体で発見された。この事件後、トルコ政府と南東部のクルド社会の関係が急速に変わっていく。

エルドアン大統領は警官殺害でＰＫＫが犯行声明を出したと発表し、犯人を明らかにするために「あらゆる手段を総動員させる」と述べた。これに対し、ＰＫＫ執行委員会の一人、ムラット・カユランは「我々の決定でも組織部門の活動でもない」と警官殺害への関与を否定した。

エルドアン政権は動きを止めなかった。警察官殺害事件の翌日に当たる二十三日、北イラクにあるＰＫＫ基地を越境空爆した。さらにＰＫＫの青年組織、青年愛国革命運動（ＹＤＧ－Ｈ）に対する作戦が開始され、八百五十人余りの若者が警察に逮捕された。和平プロセスが完全に崩壊し、トルコ南東部の緊張が高まっていく中で、「自衛のため」として自治を宣言する市が出始めた。

トルコ軍は八月、「塹壕作戦」を開始し、シリア国境近くの町シロピが最初のターゲットとなった。六月の総選挙後に、トルコ軍と警察の車両侵入を阻止するために塹壕が掘られ、その際にＰＫＫが支援したと報道された町である。八月十六日には、初の二十四時間の外出禁止令がムシュ県ヴァルトで出された。外出禁止令は塹壕作戦と共に周辺に広がり、九月にはジズレにも外出禁止令が断続的に施行され、トルコ軍の戦車が町中に進み、スナイパーが配置された。

トルコの独立系ニュースサイト「ビアネット」は二〇一八年三月二日に発表した検証記事「和解プロセスはどう終わらせられたか」で次のように指摘している。

「エルドアン大統領の目論見が外れたことが、和平交渉から崩壊への急速な方針転換の要因である。ＰＫＫとの和平交渉によりクルド人の票をエルドアン率いる与党ＡＫＰに取り込めると考えていたのに、蓋を開けてみると、それがＡＫＰの敗因となってしまった。大統領はそう捉え、即座に和平交渉を止め、それを正当化するために警察官殺害事件を利用したのではないか」

「警察官殺害事件は、和解プロセスを実質的に終わらせ、塹壕作戦の開始につながった。警官官殺害容疑をかけられたＰＫＫメンバーとされる二人は（後に）無罪となっている」

クルドの人々がさらに政府への不信を深める事件が十月、首都アンカラで起きた。クルド人や左派らが開いた平和を求める集会で自爆テロが起き、百人以上が死亡したのだ。参加者が行進する現場が二度の爆発で血みどろとなる瞬間を地元テレビのカメラが捉えている。ところが、警察は救急車の進行を妨害したほか催涙ガスを撒くなどして被害者救済の適切な対応を取らなかったと、英国ＢＢＣ放送などが目撃者の話として伝えた。実行犯はＩＳ関係者との見方が治安当局には強かったが、ダウトオール首相がＰＫＫなどクルド人勢力による自作自演の可能性があると示唆し、クルド市民はこれにも怒りを募らせた。政府が我々を守らないのであれば、自衛するしかない。六月の総選挙でクルド系政党が躍進したことや、コバニでクルド部隊がＩＳに勝利し、世界の注目を浴びたことも南東部のクルド人の自信になっていた。

それにしてもなぜ自治宣言をした自治体の中で、ジズレが徹底的に破壊されたのだろうか。

「ジズレはナチスに空爆されたスペインの町ゲルニカのように、クルド人の精神の都、自由と独立への戦いの象徴だったのです」

ジズレ出身のファイサル・サルユルドゥズ元国会議員は言う。その口調には誇りがのぞくが、それこそが、為政者には徹底的に叩き潰さなければならない理由だったのだ。

苦しみの子どもたち

南東部シュルナック県にあるジズレはシリア国境の近くに位置する。旧約聖書の「創世記」に登場する「ノアの方舟」が流れ着いたという山の麓にあり、町にはノアの墓とされる慰霊碑がある。

一九九〇年代以前には人口約三万人ほどの町だった。それが十二万人ほどまでに膨れ上がったのは、トルコ国軍が、ＰＫＫの温床となっていると近隣の村々を焼き払い人々を強制移住させたからだった。家を失った一部の村人たちが行き着いたのがジズレであった。家族や友人ら愛する者を戦火の中で亡くし、故郷を失なった深い痛みを抱えながら人々は懸命に働き、生活を立て直して町を作った。住民一人一人に、一晩では語り終えられない生と死の物語があった。それだけに、和平プロセスへの期待は大きかった。

　和平プロセスが崩壊した一カ月後、ジズレは自治宣言をした。シュルナック県は九月、「ＰＫＫ掃討作戦」のためジズレに二十四時間の外出禁止令を出し、二十九歳の女性市長、レイラ・イムレットを「テロ組織のプロパガンダを広めた」として解任し拘束した。町はトルコ軍戦車と兵士に包囲されて水や電気が切られ、病院へ行くこともできなかった。九月は気温が三十五度を超える日も多い。死者を冷蔵庫に入れ保管するしかなかった家族もいた。外出禁止令は八日後にいったん解除されたが、期間中に、子どもから高齢者まで約二十人の市民が射殺された。政府は「死亡したのはテロリストだった」と発表した。欧州評議会が現地調査をトルコ政府に申し入れたが、無視された。

　トルコの著名なジャーナリスト、ハサン・ジェマルは十二月初旬、ジズレを訪れた。政府と距離を置くニュースサイトT24に発表されたルポルタージュは、ジズレ市が自治を宣言した背景を丁寧に掬い上げている貴重な記録である。記事からは町に漂う緊張と不穏な空気が読み取れる。

　ルポは、クルド人の若者たちが、トルコの警察官や警察車両が治安部隊が入って来れないように特定の地区の入り口に作った「バリケード」の前に案内されるところから始まる。案内人が説明する。

「この政府はクルド人のことを考えていません。だから我々は自治を望んでいるのです。防衛は青年組織の仕事なのです」

「もし政府がクルドに平等の権利を、(トルコ人の)半分ほどでも平等の権利を与えるならば全ては変わるんです。クルド人は完全に否定されている。憲法にクルド人の存在が明記されるべきです」

「なぜ自分たちの言語や歴史、文学、民話を自分たちの学校で、自分たちの言葉で学べないのでしょうか。イラクのクルディスタンでは可能なのに」

バリケード付近にはYDG-Hメンバーの若者たちが集まっている。武器も持たず顔を隠すマスクもしていない。案内人は続ける。

「この子たちの家族は、一九九〇年代に焼かれた村の出身です。彼らは大人の苦しみを目撃しながら育った、痛みから生まれた子たちなのです。彼らは成長し、銃を持って山(PKKの拠点、イラク北部カンディィル)に行き、ここに戻って来ました」

一九九〇年代に繰り返された、理不尽で残虐な仕打ちがもたらした痛みは人々の記憶に鮮明に残っている。治安部隊による超法規的殺人、責任を問われない司令官、強制移住。子どもたちは大人の痛みと共に育ち、痛みは子どもたちに受け継がれた。

「現実を全く無視して、若者たちをテロリスト、あるいはテロ組織と呼ぶことだけで問題を解決できるはずはありません」

ジズレ市の中心にあるジュディ、ヌル、スル、ヤフェス、コナクの各地区は、村を焼かれ強制移住させられた人々が作り上げたという。二〇一四年十月、「痛みの子たち」は自らを「市民防衛隊」と呼び、ヌルやスル地区の自治を宣言した。

ハサンはさらに様々な一般の人たちに会い、その話に耳を傾ける。

クルド語で説教をしたために刑務所で五年間を過ごさなければならなかった四十五歳のイスラム教指導者。クルド人弁護士射殺事件に抗議し、爆殺された二十四歳の市民防衛隊メンバーの父親。市長を解任されたレイラ・イムレトは、五歳の時に父親が治安当局に殺害され、ドイツに住む親戚に育てられた。

「この地域に住む人々の苦しみに触れたことがあるだろうか。それは底なしの苦しみである」

ハサンはそう書いている。

「トルコ人なら誇りに思え」

「トルコ人の力を見てみろ」

「服従するか、さもなくば出て行け」

ハサンが見せられた写真には、ジズレやディヤルバクルの町角に残されたクルド人を蔑む落書きが写っていた。

虐殺の可能性

ジズレの人々は、二〇〇五年から「自己管理」について話し合ってきたという。

ハサンは、自治組織、人民会議の共同議長メフメット・トゥンチュとも話をした。メフメットは、ＰＫＫを傘下に置くクルディスタン社会連合（ＫＣＫ）に関係したとして二〇〇九年に逮捕され、刑務所で五年を過ごした。

一九九〇年代、ジテムと呼ばれるトルコの「軍警察諜報テロ対策チーム」が、クルド人や左派活動家を狙った超法規的殺人を実行していたことはよく知られている。ジテムの司令官だったジェマル・テミズオズ大佐ら八人が、ジズレとその周辺に住む市民数十人の殺害に関わったとして起訴され、二〇〇九年に公判が始まった。しかし裁判所は「証人の証言は信頼性に欠ける」として、二〇一五年十一月初旬に全員無罪の判決を出した。国際人権団体は判決を非難したが、ジズレ市民は判決を政府からのメッセージと受け取った。トルコ政府はクルド人を守らず、問題も解決しない。それならば、自分たちで解決するしかない。その方法が自治なのだと市の責任者らも言う。

「ジズレ市民は、いつ集団殺戮に直面してもおかしくないのです」

ハサンはそう説明される。この時、彼はジズレで近く虐殺が起きると予想していただろうか。

その二カ月後、メフメットは、ハサンと話した場所からさほど遠くない地下室で、共に閉じ込められていた約六十人の市民の救出を世界に叫び続けた末に、トルコ国軍に火を放たれ、地下室もろとも爆破された。

第二部

人々は地下から助けを求めていた

第一章 叫び続けた七十九日

「ほら、あの山。俺は兵役時代は、あの山の中で過ごしたんだ」

ワゴン車を運転しながらセリム（仮名）は、助手席に座る私に目と顎で指し示した。彼が示した方向には、砂埃でくすんだ緑の木々に覆われた低い山が続いている。トルコ南東部の都市、ディヤルバクルを出発してから一時間は過ぎた頃だった。

「あの森の中？」

私はセリムに目を戻す。彼は、風景の中に時折現れる岩山のようにごつごつしているが、丸い目を縁取る長い濃い睫毛は愛嬌がある。

「そうだ。食べる物も足りないし、厳しい経験だった。二度とやりたくないね」

セリムはこの地方で生まれ育ったクルド人である。トルコ全体では「少数民族」だが、南東部ではクルド人は多数派である。セリムはトルコ軍での兵役時代に、クルド労働者党（ＰＫＫ）との交戦も経験させられたのではないかと、ふと私は思った。自分から口にしたのに、セリムはそれ以上のことを話さない。

セリムは敬虔なイスラム教徒のようだ。ちょうどイスラム教の断食月（ラマダン）の最中で、世俗主義のトルコでは断食を真面目に実践する人は近隣の国々に比べて多くはないと聞いていた。クルド語の通訳と案内役を引き受けてくれたクルド人のムスタファ（仮名）は「ダイエットのためにたまにはやるぐらい」だと笑う。それなのに、セリムは朝から飲食をしていないという。初夏とは思えないほど、気温はぐんぐん上がっているのに、日中は水も飲まないつもりなのだ。

荒削りな風景の中を真っ直ぐに伸びた道路はきちんと舗装され、車は滑らかに走っている。だがこれから先、いくつものトルコ国軍の検問が設置されていることは間違いなかった。外出禁止令は向から方面の複数の自治体で完全には解かれていなかったからである。そのせいか、セリムは無闇に車を飛ばすようなことはせず、慎重にハンドルを握っている。

観光客としてこの道を走っていたのなら、と私は少し現実逃避をして思いを馳せる。観光でこの車に乗っているのであれば、私は旅行ガイドブックを広げて、車窓を流れる景色をうきうきした気持ちで眺めていただろう。アルメニア教会、イスラム神学校跡、アララト山がそびえる広大な景色。紀元前から様々な民族が攻防を繰り返してきた複雑で重厚な歴史と高い文明を示す史跡が点在し、それを一つ一つ辿ってみる興味深い旅になっただろう。でも今回はそうは行かない。

私たちは、シリア国境に近い町、ジズレに向かっていた。「対テロ作戦」として外出禁止令が発令され、七十九日もの間、トルコの軍と軍警察の治安部隊が街を包囲し、電気や水道を切り、町を崩壊させた。軍のスナイパーが人間や動物を撃ち抜き、子どもや女性を含む数百人の市民を火や砲弾、銃弾を使って殺害した。外出禁止令は、三カ月前に解かれたばかりだった。

こうしたことは秘密裏に起きたわけではなかった。町に残ったクルド系政党の国会議員が連日ツイートで状況を訴え、国連や欧州議会、欧州人権裁判所、国際赤十字に手紙を書き仲介を訴えた。

「この残虐行為を止めなければ、あなた方も加担したことになる」

助けを求め続けたクルド男性が、欧州議会に対して訴えた。「あなた方」に含まれるのは、その会議に出席していた人だけではないはずだった。

しかし、国際社会は沈黙した。あるいは、有効な手段を取らなかった。欧州人権裁判所は、申請された数人に対して「生命を守るための措置を取るよう」にトルコ政府に要請したが、「戦闘が起きているため」にそれが不可能だと政府は応じた。国軍が外出禁止令の一部を解除した後、国連人権高等弁務官事務所（ＯＨＣＨＲ）は独立した調査団の派遣をトルコ政府に申し入れたが、「殺害したのは六百六十五人のＰＫＫテロリストだ」と主張するトルコ側は受け入れなかったのだ。

これほどの暴力が吹き荒れたのに、国際報道の目は、大国の思惑が錯綜し大量の難民を生み出した隣国のシリア内戦に集中していた。この地域で起きる悲劇に記者たちは慣れてしまい、もはや仕方がないものだと感じているのかもしれなかった。

トルコ南東部で取材するためには当局の許可が必要で、私たちには正規の取材許可証が発行されていた。しかし、それが実際、どこまでの効力を発揮するか分からなかった。

幸運が必要だ

「そいつは兵士か」

検問所で、後部座席にいた高橋邦典カメラマンを見てトルコ軍兵士はムスタファに聞いた。短髪で体を鍛えている彼を民兵ではないかと疑っているようだった。高橋カメラマンは米国の新聞社に勤めていた時、イラク戦争の従軍取材を何度も経験しており、危険地慣れした雰囲気も、兵士を警戒させたのだろう。

「彼はカメラマンだ」

ムスタファが答えると、兵士は厳しい目を緩ませずに、パスポートと取材許可証を出させた。私のパスポートと許可証も無愛想に眺めた後、兵士は何か言い、それを合図にセリムは車のウインドウを上げ、発車した。

今のところ、取材許可証は効力を発揮している。ひとまずほっとしたが、この先は分からない。トルコの軍警察は今も、ジズレをがっちりと押さえ込んでいる、と用心深いムスタファは言う。

幸運が必要だ、それもたっぷりの。稜線の上で光る青空に向かって私は念じた。火に焼かれ、瓦礫の下になった人々が世界に向かって叫んだ場所に立ち、耳を澄ませなければならない。愛する者を殺され、世界から見捨てられたと感じている人々の声を、聞かねばならない。それが終わるまで、どうか幸運を。

「あなたはお守りだから」

半ば本気で高橋カメラマンに言うと、彼は苦笑いした。危険な状況を生き抜いた人は、幸運を持ってきてくれる確率が高いはずだという説を私は頼りにしていた。その点ではセリムもムスタファも同じはずだ。二人はまだ自分たちの過去の話を深くはしてくれていないが、トルコ南東部に生きるクルド人として数えきれないほどの窮地をくぐったに違いない。

ジズレがだんだんと迫ってくる。数日前に会ったクルド系政党、人民民主主義党（HDP）の国会議員、ファイサル・サルユルドゥズの言葉を私は思い出していた。

「ジズレで困ったことがあれば、私の名前を出してください。誰かが助けてくれるはずです」

あらゆる悲しみが集中した地下室

ファイサル・サルユルドゥズに会ったのは、スイス南部に位置するルガーノという湖のほとりにある小さな町だった。

彼はトルコ当局から追われる身だった。

ジズレ出身のHDP国会議員だった彼は、二〇一五年十二月十四日に始まった二十四時間の外出禁止令が二〇一六年三月二日に一部解除されるまでの七十九日間、ジズレを一歩も出ず、「対テロ作戦」の名目下でトルコの国軍と治安部隊に激しく攻撃される地下室の市民の叫びをツイートし、国内外に仲介と助けを呼び掛け続けたのだ。この活動ゆえにファイサルは、「テロリスト容疑」をかけられることになった。トルコ国会が五月二十日に国会議員の不逮捕特権を剝奪する憲法改正案を可決すると、ファイサルに逮捕の手が迫り、多数の殺害予告も受けた。目撃者であり証言者である彼の口は塞がれてしまう可能性があり、ファイサルは五月下旬、出国し欧州に向かった。それ以来、欧州在住のクルド人の支援を受けながら各国を回り、各国政府高官や国際機関の関係者に会ってはジズレ事件の一部始終を語り、人道に反する犯罪が起きたことに理解を求めていた。その旅の途中に立ち寄るルガーノで、彼は時間を作ってくれたのである。

待ち合わせた町中のカフェに、ファイサルは少し遅れて到着した。ルガーノでは数日の短い滞在だが、地元の政治家やクルド人団体との面会で予定がびっしりと詰まっていると言う。彼をカフェまで案内したらしい大柄な男性にファイサルがクルド語で何か言い、私たちに小さく手を上げてから立ち去った。

「遅れてすみません。昨夜は遅くまで話し合っていたので」

カフェの奥のテーブルに着きながら、ファイサルは視線を真っ直ぐに私に向け、詫びを言った。人懐こい笑み。誠実さと困惑の色が目に混在している。

「事件に関心を持ってくれたことに感謝します。日本人とクルド人は互いに遠く離れた地に住んでいますが、伝統の中に生きているという点では似ていると思います」

テーブルに着き紅茶を頼んだ後、ファイサルはそう切り出した。祖国を持たないクルドの人々がクルド人であり続けたのは、自らの伝統を大切に守り続けたことにある。日本で読んだ文を思い出した。しかし、日本人とクルド人の共通点と彼が考えた「伝統を守る民族」を皮切りに語り始めたことに、ファイサルの苦悩が垣間見えた。クルド人の苦難を理解し共有してもらうことの難しさを、欧州ですでに、経験したのだろう。欧州ともトルコとも異なる文化を持つ遠い国に住む日本人に、どう説明したらいいだろう。彼は思い悩みながら、カフェに到着したのではないだろうか。

しかし話し出すと、彼の言葉は強い力を持って溢れてきた。

「人が人に対し、とんでもない犯罪を組織的に犯した。それを国のトップも市民も目撃したんです。問題は、そこで起きたことを当局が隠蔽しようとしたこと、それにその事実が知られることを阻止していることです。事実をただ知って欲しい、そして考えて欲しい。そのために今、私にできることといったら、何があったのかを説明することだけなんです。でも、あの日々を説明することは難しい。殺害された人の大半は、私が日常的に知っている人たちでしたから。話しているうちに、あの日々が目の前に現れ、そして思いは同じ所に戻る。人はなぜ、あそこまで残酷になれるのだろうか、と」

水。水。水。地下室に閉じ込められている人から電話が来るたびに、水を求めるうめき声が聞こえていた。それは今でもファイサルの耳にこびりついている。故郷の町の通りで言葉を交わし、笑い合った人々。彼らが助けを求めて叫んでいた。スナイパーに撃ち抜かれ道路に放置された少女。焼夷弾で焼け死んだ少年。爆殺された男たち。自国の軍による理不尽で、残酷な死。ファイサルは彼らを救うことができなかった。

その記憶は、彼の中でまだ生々しく、鮮血を滴らせているのを、私は感じた。無理もない。友人たちが地下室で焼殺されてから四カ月余りしか過ぎていなかった。リゾート地として知られる湖畔の町ルガーノの美しい初夏の風景の中でも、記憶は一瞬たりとも彼を離さないのだろう。

「この世に存在するあらゆる悲しみが、あの時、ジズレの地下室に集中していました」

ファイサルはそう表現した。

「教員は研修に参加せよ」

二〇一五年一二月上旬、首都アンカラに滞在していたファイサルは、ジズレについての奇妙な情報を得た。中央政府から派遣されている学校教員らトルコ人公務員に、アンカラに戻れという命令が出る、というのだ。

不穏な動きは二週間ほど前からあった。武器を満載にしたトラックがジズレの近くに次々に到着したり、ジズレ近くにあるシュルナック空港が閉鎖されたりしていた。外出禁止令が近く出るかもしれないと、クルド市民は噂していた。二十四時間の外出禁止令はジズレの人々には初めてのことではない。その年の七月、政府とクルド労働者党（ＰＫＫ）との和平プロセスが崩壊して以来、一週間前後の外出禁止令が三度も出ていた。

だが今回は「研修のため」にトルコ人教員らがジズレから移動させられるという。嫌な予感がした。九月に出た外出禁止令の期間中には二十人ほどの市民がトルコ国軍のスナイパーに射殺され、政府は「テロリストを射殺した」と発表した。今回は九月を上回る大規模な攻撃が市民に向けられるかもしれない。

「教育省がこんなメッセージを教員に送っている」

ファイサルはツイートで市民に注意を呼び掛けた。

間もなく、外出禁止令は具体化した。発令は十四日午後十一時という。

ファイサルはすぐさまジズレに向かった。トルコ国軍は、国会議員を標的にはしないはずだと、ファイサルは思っていた。九月の外出禁止令では、通りで撃たれ負傷した人を背負い車に運んだが、スナイパーは彼を狙わなかった。遺体の上に銃をおいて「こいつらは武装勢力だった」と言い募るのは、トルコでは国軍や警察の常套手段である。国会議員が目を光らせておくことは、だから、重要なのだ。自分を支えてくれている人たちを守るためにはできる限りのことをしなければならない。ファイサルはそんな思いでいっぱいだった。

ファイサルがアンカラの空港に向かっている頃、ジズレのバスターミナルは、大きなスーツケースを抱えジズレを出る教員たちでごった返していた。その一方で、バスでジズレに到着した若者たちがいた。全国各地の大学から集まったクルド人と軍事作戦に反対するトルコ人の学生ら五十人で、ジズレで外出禁止令が出るとの情報を得て「人間の盾」となり、国軍や治安部隊から市民を守るのだと駆けつけたのだ。

「九月の外出禁止令期間中のように、市民が犠牲になってはならない」

五十人は二台のバスに分乗して来たが、ジズレの入り口で降りるようにトルコ軍兵士に命じられ、歩いて市内に入った。

「彼らは若者らしく恐れを知らず、純粋で懸命だったのです」

とファイサルは言う。そんな若者たちの様子を、随所に設置してあるセキュリティカメラが捉えていた。二台のバスは、兵士が火を点け燃やしてしまった。

ファイサルは、ディヤルバクルの空港で待ってくれていた車に乗り込み、外出禁止令が始まる一時間半前にジズレに滑り込んだ。おびただしいトルコ軍の戦車や兵士たちに囲まれ、町は静まり返っていた。

ジズレ郊外の村に生まれて

ファイサルはジズレ郊外の村で生まれた。クルド語でベダウ、トルコ語ではヤルンペペと呼ばれた村である。ただしクルド語の名称を口にすることは禁じられていた。父には妻が二人いたから、ファイサルには母が二人いることになる。きょうだいは十八人。ファイサルは自分が何番目の子か未だに分からない。姉が弟や妹を殴ったり、二人の母が喧嘩したりと、とにかく毎日が賑やかだった。

父の寝室は二階で、夜は降りてくることがなかった。二人の母は階下に寝ていたのに、一体どうやってあんなにたくさんの子どもが生まれたのか。これも、ファイサルには今も分からない。とにかく十八人の子どもは全員が生存し、父は二人の妻と今も仲良く同じ家に住んでいるという。

父は「地主のようなもの」で、一家は金銭的には恵まれた生活をしていた。そのために、子どもたちは大半が教育を受け、医師や弁護士、機械エンジニアになった。クルド人の子どもの八割が学校に行くことができない中で、ファイサルたちきょうだいは非常に幸運だった。しかし、クルド人としてのアイデンティティを強く意識させられる様々な出来事を幼い頃から目撃してきたという点では、他のクルドの子どもたちと変わりなかった。購入した羊をイラクからトルコに入れようとした父が、「勝手に国境を越えた」とトルコ人警察官に連行され、拷問された上に何日も拘束された。一九八〇年に政治的混乱を収拾させるとして軍部が全権を掌握した軍事クーデターが起きた時には、トルコ人の警察官が村の男たちを炎天下に一列に並ばせて片足で立たせた。こらえ切れずに倒れた者に、警察官は殴る蹴るの暴行を加えた。政府や警察、軍は、暴力や死をもたらす「敵」の象徴だった。

クルド人は「山岳地帯に住むトルコ人」とされ、クルド語は「トルコ語の方言」と定義された上で、話すことも出版も禁じられていた。しかしトルコ語とクルド語は言語系統が異なり、母はラジオから流れるトルコ語を理解できなかった。

村の小学校を卒業すると、ファイサルは百キロほど離れた町に住む祖父の家に住み、そこから中学校に通った。高等専門学校を卒業し、大学では機械工学を学び、二〇〇〇年から〇九年までの間、ジズレで機械エンジニアとして働いた。この地方では機械エンジニアはファイサル以外はいなかったから、仕事の依頼は絶え間なくあり、生活には困らなかった。

人生の転換点は、ジズレの市議会議員に立候補したことだった。二〇〇九年のことである。クルド人のアイデンティティが弾圧されている、という幼い頃からの思いがあった。村々を回ってスピーチをする選挙活動を二カ月間続け、当選した。ところが三カ月後、「テロ組織の幹部」という容疑で逮捕された。ＰＫＫなどを傘下に置くクルド社会連合（ＫＣＫ）に関係していると断定され、同じ容疑での逮捕者は全国で五百人以上に上っていた。

判決が出る前に、ファイサルは刑務所に入れられた。自由は奪われたが、刑務所は時間が無限にあり、自分を成長させるチャンスがある場所でもあった。

収容者の大半は、クルド系政党で政治活動をしている人たちだった。ファイサルは、雑居房で初めて政治理論を学び、議論を交わした。

「それまで二元的にものを考えていたんです。トルコ人とクルド人、資本主義と社会主義、というようにね。議論するうちに、これから重要になるのは古典的な社会主義ではなく、異なる価値観の融合した社会民主主義だと思ったのです」

一年半が過ぎた頃、家族が面会に来た。

「国会議員に立候補してくれないか」

と言う。国会議員になれば、釈放されるチャンスがあるかもしれないから、というのが理由である。ファイサルは未決囚で、当時のトルコの法律では、有罪が確定していなければ国会議員として立候補できた。ファイサルも賛同し、他の四人の収容者と共にクルド系政党平和民主党（ＢＤＰ）と左派小政党の連合から立候補した。結果は当選。他の四人の立候補者も全員が当選した。しかし釈放はならず、ファイサルが自由を得たのはそれから二年半ほども経過した二〇一四年一月頃だった。

二〇一五年六月の総選挙に、ファイサルはリベラル左派のクルド系政党、人民民主主義党（ＨＤＰ）から立候補した。ＨＤＰは、女性やＬＧＢＴなどマイノリティの権利拡大や環境保護を訴えてクルド人以外の幅広い層を取り込み、十三パーセントの得票率を獲得し国会入りを果たした。ジズレでは九十三パーセントの得票率で大勝し、ファイサルは国会議員となった。

しかしこの勝利は、与党公正発展党（ＡＫＰ）党首のエルドアン大統領に危機感を持たせた。ＡＫＰは少数与党に転落してしまい連立を模索したがうまくいかず、十一月一日の再選挙が発表された。

若者たちの自衛手段

「ジズレの塹壕を埋める」。政府は外出禁止令を施行する際に、こう述べている。塹壕とは通常、戦争時に敵の銃撃から身を守るために陣地の周りに掘られるものである。ジズレの塹壕とはどういったものだろうか。

塹壕は二〇一四年九月、シリアのトルコ国境近くにあるクルド人の町コバニに大規模な攻撃を仕掛けた「イスラム国（ＩＳ）」と、米国有志連合の支援を受けたクルド勢力との戦いの最中に掘られ始めたという。国連の支援要請にもかかわらず、エルドアン大統領は、戦闘の中心になっているシリアのクルド組織民主統一党（ＹＰＤ）がＰＫＫとの関連組織でテロ組織であるとの立場から、参戦に消極的だった。

トルコのクルド人たちの間でエルドアン政権に大きな不満が渦巻いた。抗議デモが警察と衝突し、警官六人を含む四十人以上の死者が出た上、多数の若者たちが逮捕された。

「警察や軍が町に入れないように自衛する手段だ」。南東部の都市で若者たちが掘り始めた。ジズレでは、大通りから伸びる脇道の各入り口に、幅一メートル、深さ一メートル半ほどの塹壕が掘られ、掘り出した土がバリケードとして塹壕の手前に積み上げられた。ディヤルバクル、ヌサイビン、シロピ、シュルナックといった近隣の町でも同様だった。ジズレでは、普通の市民や市役所職員も塹壕掘りに参加した。政府がクルド人を守らないのであれば、自衛するしかない。市民のそんな思いは高じていた。

これに危機を感じメッセージを発したのは、服役中のPKK指導者、オジャランだった。

「塹壕を埋めなさい。塹壕が戦闘準備ととらえられ、軍に攻撃の理由を与えてしまう可能性がある」

囚われの身であってもカリスマであり続けるオジャランの言葉に数万人が耳を傾けた。ファイサルもスコップを持ち、塹壕を埋める作業を手伝ったことを覚えている。誰かが塹壕を掘るよう扇動しているのかもしれない——。そんな不安がファイサルの胸中にあった。

しかし事態は、すでに最悪の方へと動き始めていた。

静まり返った町

二〇一五年十二月十四日夜。ファイサルがジズレに滑り込んだ時、国軍は全ての準備を完了し、町を見下ろす小高い丘に戦車と装甲車が配置されていた。町は静まり返り、市民は自宅で息を殺しているかのようだった。

外出禁止令が発効する午後十一時。途端に銃声と砲弾が響き渡り、戦車と装甲車が町の中心部に進んだ。この時以降、トルコ軍に従軍取材する記者らを除き、国会議員であれ医療関係者であれ国際機関関係者であれ、民間人はジズレに入ることはできなくなった。

ジズレにはこの時点で十二万人ほどのクルド人が住んでいた。ＰＫＫと激戦を繰り広げていたトルコ軍に村々を追われジズレに移住した人々は、いざという時には避難ができる丈夫な地下室を備えた家を建てた。外出禁止令が出されると知った市民は、昼間のうちにパンや小麦といった食糧や水を買い求め、地下室に備蓄した。

しかし今回の外出禁止令はそれまでの三回とは様子が違うことを、市民は感じ取っていた。圧倒的な数のトルコ軍の戦車や装甲車、兵士が町を囲んでいたからである。クルド人市民の半数が住むジュディ、スル、ヌル、ヤフェスの四地区が軍事作戦の焦点となったことは、町を横切るヌサイビン大通りから四地区に入る小さな通りの一つ一つに、トルコ軍の戦車の砲口が向けられたことで分かった。設置された塹壕の位置をトルコの治安部隊は正確に把握していた。変圧器が破壊され、ジズレの大方の場所で電気が切れた。給水所の元栓が閉められ断水し、家屋や建物の屋根に設置された給水タンクの一つ一つが銃撃され破壊された。

ファイサルの自宅は、中心部にある市庁舎とつながったアパートの中にあった。周辺には塹壕がないため軍事作戦のターゲットにはならず、ファイサルは市庁舎に出掛けて情報収集をし住民からの電話を受けた。

「水が出なくなった」

住民からの悲鳴の電話に、ファイサルは給水所の元栓を開ける許可をトルコ警察から取り付け、二十四歳の水道局職員、イルファンを現場に送った。だが作業に取り掛かったイルファンは銃撃され、片腕を失なってしまった。

初の犠牲者は三児の母だった

外出禁止令が施行された翌日に、初めての死者が出た。

犠牲者はヘディ・ジェン、三十歳で三人の子の母である。敬虔なイスラム教徒で、地域の子どもたちに聖典コーランを教えていた。母屋と離れた庭に設置されているトイレに行こうと、水を入れたコップを手に屋外に出たところをトルコ軍のスナイパーが銃撃した。十発ほどの銃声が響き、ヘディ・ジェンは倒れた。スナイパーはどこから撃ってくるか分からない。泣き叫ぶ家族は近づけず、ヘディ・ジェンは丸一日、庭に転がったままだった。

「助けて欲しい」

家族からの電話で、ファイサルは市役所の救急車に出動を要請した。この頃はまだ救急車が現場に到達できた。ヘディ・ジェンは顔に複数の弾丸を受けていたと言う。

銃声と砲弾の音は日毎に激しさを増し、スナイパーに撃ち抜かれる市民が増えていった。

「ジズレを出ろ。さもないと、我々は化学兵器を使って攻撃する」

町を回るトルコ軍警察の装甲車からのアナウンスが市民を震撼させたと、複数の市民が証言している。イラン・イラク戦争中の一九八八年、イラク北部ハラブジャでイラク軍が化学兵器を投下し五千人以上が殺害されたとされる事件は、クルドの人々の記憶に刻まれている。多数の市民が白旗を掲げてジズレから脱出を始めたのは、この後だった。

それでもジズレを離れたくないと言う人たちがいた。

「国軍に村を追われ、ジズレで苦労して生活を再建した。我々が作り上げた町をなぜまた追われなければならないのか」

と言う住民たちだった。高齢の夫婦や病気がちの人、障害を抱えた子を持つ親たちも思うように動けなかった。行くあてがない人もいた。

「人間の盾になる」とやってきた五十人の大学生たちはもちろん、「町を守る」と武装した市民防衛隊の若者たちでさえ、国軍がこれほど激しい攻撃を仕掛けるとは予想していなかった。

ファイサルは、自宅に十数人を泊まらせていた。ディヤルバクルから来た政府発表に頼らず独自取材することで知られる独立系テレビＩＭＣの記者とカメラマン、大学生たちである。しかし、これだけの人数を自宅に滞在させ続けることは危険でもあった。治安当局に「テロリストの基地を作っている」などという言い訳を与えてしまうことにもなりかねない。学生たちはジズレに到着した時、随所に設置されている監視カメラに捉えられているはずで、トルコの軍や治安当局はその姿を確認していると推測できた。

「君たちも市民と一緒にジズレを脱出しなさい」

ファイサルはアドバイスし、一部の学生たちは脱出に成功した。

外出禁止令が始まって二十日が過ぎた頃、攻撃がさらに激しさを増した。

「空から爆弾が降ってくるようだった」

この頃の攻撃を複数の市民がそう語っている。スナイパーが建物の屋上や戦車に配置され、動くものは鳩までも撃ち殺していた。

白旗を掲げて家を出た途端に射殺された少女。屋外に出た叔母の胸でスナイパーの銃弾を受けた乳児。パンや水を調達しようと、外出し帰って来ない人もいた。

「助けて欲しい。夫が帰って来ない」

ファイサルに女性から電話が来た。女性の一家は治安当局が集中的に攻撃しているジュディ地区に住んでおり、夫がスーパーマーケットに向かう途中の通りで撃たれたのではないかという。ファイサルが調べてみると、その付近に数人の射殺体があり、負傷者もいるようだった。救急車に出動を頼んだが、「戦闘が起きている地域で危険だ」という理由で警察は出動許可を出さない。だが、放置しておくわけにはいかない。

「遺体と負傷者を市役所近くにまで運ぶから、救急車を送って欲しい。白旗を掲げて行くので攻撃しないで欲しい」

警察と市の救急車に伝えた。市役所には連日、数十人の市民が集まっており、遺体回収に行くファイサルに、三十人ほどが「一緒に行く」と声を上げた。独立系テレビＩＭＣのサーデット記者とカメラマンのレフィック・テキン、ジズレ在住の地元紙記者が同行取材することになった。

二〇一六年一月二十日午前十時頃、一行は市役所を出発した。遺体を載せる荷車と負傷者を乗せる車椅子も用意した。国会議員であるファイサルと行けば、銃撃されずに遺体を回収できるはずだ。一行は緊張しながらも、そう考えていた。

先頭を白旗を掲げた六十代ぐらいの女性が歩いた。ファイサルとそれまで親しかったわけではないが、様々な場面で彼の前に立ち、彼を守ろうとしていた女性である。四十代ぐらいの男性も白旗を掲げる役を担った。
その後、事件は起きる。

銃撃される

ファイサルは、日々に起きたことをトルコ語、時には英語でツイートしていた。この一行に起きたことを、ファイサルのツイッターで追ってみる。

1月20日

①今日、ジズレで最も卑劣で最も醜い殺戮者の顔に直面した。私と三十、四十人の仲間が（続）

②百メートル先の装甲車から銃撃を受け負傷した。ハミット・ポチャルとセルマン・エルドアンの二人の市民が殺害された。

③救急車が来なかったので、負傷者たちを全員、ジズレ市役所の遺体搬送車で運ぶし

かなかった。

④負傷したムラット・アカンチャイは警察署で下ろされてから殴られた。ハミットは地面を引きずりまわされた。

⑤負傷者の一人が「ハミットを病院に連れて行ってくれ。重症なんだ」と言うと、現場にいた警察官が「どうせ最後の数分間だ」と言った。

⑥ハミットとセルマンはきちんと病院に搬送されていれば、おそらく生きることができたのではないか。

⑦（軽症の）負傷者らと共に、ある家の地下室に避難した。しかし、攻撃は止まらない。我々がいる家に数時間も発砲が続いた。

⑧人として良心に基づき、責任感と共に遺体と負傷者を搬送するために行った友人たち、そしてＩＭＣカメラマンを「テロリスト」と（続）

⑨報道したアナトリア通信は最悪だ。本当のテロリストはあの人たちだ。

⑩ジズレは、歴史を前に清廉である。しかし殺戮者は非難をもって記憶される。沈黙する者も恥の中で生きていくことになる。

ファイサルが私に説明した事件はこうだ。一行は、市役所を出発し、四百メートルほどを歩いてジュディ地区で三遺体を発見し荷車に乗せた。付近には数十人の若者らがおり、治安部隊の攻撃で負傷した者もいた。

「私がいれば市役所まで辿り着ける。一緒に行こう」

数人の負傷者と「この地区から出たいが攻撃が怖い」と訴える人たちの計十五人ほどがファイサルら一行と市役所に向かうことになった。ここに残る、と説得に応じない人たちもいた。

「トルコ軍や治安部隊に屈したくない」

「若者たちを見捨てられない」

「家が心配だ」

それぞれの理由もファイサルには理解はできた。

ファイサルが先頭付近を歩き、一行がヌサイビン大通りを横断していた時のことである。百メートルほど離れた所にいた装甲車の治安部隊が頭上に向かって銃を撃った。その直後、一行に向かった銃撃が始まった。道路を横断し終わっていたファイサルは、脇道に走り込んだ。直後に十数人が走り込んできた。何が起きたか分からない。

ファイサルを守っていた人々やテレビカメラマンのレフィックが被弾し倒れていた。激しい銃撃が続いている。兵士たちは動くものなら何でも撃ち抜くつもりのようだった。

名誉と価値観、恐怖が頭の中でせめぎ合った「長い瞬間」を、ファイサルは鮮明に記憶している。私は人間で自分の命を愛している。しかし彼らは仲間で、私は彼らを代表する議員だ。不名誉の中で生き、顔を上げて生きていけなくなっても良いのか。私は危険に身を置かなければならない。

「この時、知らなかった自分を初めて見ました。それまでは血を見たら気を失うようなタイプだったんだけど、あれで自分のことが少しだけ好きになった」

ファイサルははにかみながら言う。

小道を出て、レフィックに駆け寄った。理由は分からないが、銃撃は止んだ。奇跡的に、市役所の救急車と遺体搬送車が近づいてきた。レフィックは車に乗る直前に、同僚のサーデット記者にカメラを託した。

死亡した二人のうち一人は、外出禁止令が出る前は荷車でものを売って細々と生計を立てていた貧しい男だった。遺体を運ぶために、この日は商売道具だった荷車を引いたのだ。治安部隊は周辺一帯を封鎖しつつあった。ファイサルたちは近くの民家の地下室に隠れて数時間を過ごし、治安部隊が引き揚げた頃を見計って脱出し市役所に戻った。

トルコ政府系アナトリア通信は、事件をこう報道した。

「ジズレでテロリストと治安部隊が交戦。テロリスト側の三人が死亡、カメラマンと名乗るテロリストを含め九人が負傷した。市の遺体搬送車と救急車が（負傷したテロリストが）逃亡するのを助けようとした」

記事を書いた記者は、カメラマンのレフィックとは知り合いで、本当は何が起きたかを知っていたはずだった。

翌日、事件を記録したレフィックの映像をＩＭＣテレビが放映した。サーデット記者が、どこからか映像を送信することに成功したのだ。

「ジズレで本当に虐殺が起きている」

映像はテロリストを殺害したとする政府発表を覆し、市民に衝撃を与えた。映像を見た国連人権理事会のゼイド・ラァド・アル・フセイン人権高等弁務官は数日後に懸念を表明した。

「残虐な行為を撮影することは犯罪ではない。しかし、非武装の市民を銃撃することは間違いなく犯罪である」

しかし、事態はこの銃撃事件からさらにひどくなっていく。

「人間の盾」になるはずだった

国会議員といえども、銃口は向けられる。この現実をファイサルは事件で思い知った。事件を境に、国軍兵士や治安部隊の銃撃は無秩序、無差別を極めていった。ジズレの中で動くものは全て「テロリスト」として攻撃され、鳩や犬、猫までもが兵士の気の向くままに撃ち殺された。

治安部隊の攻撃は、ジュディ、スル、ヌル、ヤフェスの四地区をターゲットにさらに苛烈を極め、死者が増大した。「人間の盾になる」とやって来た大学生たちも犠牲者に含まれていた。

ファイサルが所属するＨＤＰは外出禁止令が一部解除された翌日の三月三日、弁護士、社会学者、ジャーナリスト、政治科学者の四人で構成する調査団をジズレに送り、十日間の調査に基づく二百ページに及ぶ報告書を作成している。

この報告書から状況を見てみる。

治安部隊の激しい攻撃を受けているジュディ地区の建物の地下に多数の市民が避難していると初めて分かったのは、重傷を負った大学生が助けを求めたことが発端だった。二〇一六年一月二十二日、ファイサルたちが銃撃された二日後のことである。トルコ西部イズミール県にあるエーゲ大学地理学科四年生のジハン・カラマンが、砲撃によって飛び散った金属片が胸に命中し、深い傷を負ったのだ。

連絡を受けたジハンの家族とファイサルは、救急車の出動をそれぞれ依頼した。だが警察は「治安上の理由」で出動を許可しない。欧州人権裁判所は、弁護士を通じて行ったファイサルの申請を認め、ジハンの「生きる権利を守るためにあらゆる措置を取るよう」トルコ政府に要請した。

「現場ではテロリストとの交戦が起きており、危険で救急車が近づけない」

それが当局の言い分だった。ジハンは避難していた家の地下室で出血多量により二十三日に死亡した。

ファイサルは、二十二日から二十三日にかけ、怒りと悲しみが抑えきれない言葉を何本もツイートしている。

1月22日

①大学生のジハン・カラマンが胸を負傷した。

②救急車は遠くまで出てくるように要請している。しかし歩ける状況ではない。

③ジハンは避難していた家から救急車に向け出発した。しかし（彼がいる）地区は、攻撃を浴びせられた。ジハンと連絡がつかない。

1月23日

①ジハン・カラマンが取り残されている通りは、一晩中爆撃を受けた。クルド系の民

主的諸地域党（ＤＢＰ）党員のメフメット・ヤヴゼルら多数が重傷を負った。
②二十人ほどの負傷者グループと連絡がつかない。
③ディジュレ通信記事のリツイート「ファイサル・サルユルドゥズ：市民に向け、敵意に満ちた攻撃をしている」
③最低の奴らは、ジハンを殺害した。
④一台の救急車さえ、過ぎた対応だと考えた最低な人間に対し、絶対に跪《ひざまず》くことはない。我々を許してくれ、ジハン。許してくれ。

ジハンを救えなかったファイサルの悲しみは大きく、この後、欧州裁判所が出した決定文とジハンの写真をツイートしている。

①ジズレ市民と連帯するために友人たちと外出禁止令の施行直前に市内に入った大学生、ジハン・カラマンが昨日（続）
②砲弾の破片が胸に刺さり負傷した。連絡を受けて我々はすぐに救急車の出動を要請

した。しかしいつものように、救急車は治安当局によって阻止された。
③しつこく要請したことを受け、救急車が病院を出発した。ジハンは爆撃の中、救急車（が指示した場所）に向けて歩いた。
④ジハンの家族が地方行政局に連絡したにもかかわらず、爆撃は続き、彼は救急車に近づけなかった。
⑤ジハンは再び避難していた家に戻ったが、その家は朝まで爆撃のターゲットとなった。負傷者は十二人に増えた。
⑥政府の殺戮者としての顔が十分に分かった。我々はジハンの状況をすぐさま欧州人権裁判所に持ち込み、（ジハンを病院に搬送させるという）措置決定を出させた。
⑦何度も要請した救急車は一度も来なかった。夜までに（ジハンが避難していた家の）地下室に運び込まれた負傷者は二十人を超えた。
⑧ジハンは夜まで持ちこたえた。救うことはできなかった。頭を壁に打ち付け、途方に暮れるしかなかった。我々を許して欲しい、ジハン。
⑨現在、ジハンの遺体は、二十人以上の負傷者がいる地下室に閉じ込められている。

地下室は暑く、血と湿気の臭いがしている……。

地下室に多数の負傷者がいた

ファイサルによると、外出禁止令が施行されてからの四十日間で、子どもや女性、高齢者らを含む八十四人が通りや自宅で死亡した。ファイサルは可能な限り病院の遺体安置所に出向き、死者一人一人の名前を記録した。この他にも、自宅で死亡した人々もいたという。

ジハンの件で分かったことは、ジュディ地区の頑丈そうな家屋の地下室に、続々と人々が逃げ込んでいることだった。そのうちの一人に自治組織、人民議会の共同議長、メフメット・トゥンチュがいた。これより一カ月半ほど前の十二月初旬、ジズレを訪れたジャーナリスト、ハサン・ジュマルのインタビューを受けた人物である。メフメットは朗らかで人を引きつける魅力があり、市民の信頼が厚い人物だった。負傷した学生たちがいるとの連絡を受けて駆けつけ、放置しておけないとジュディ地区に残ったのだった。

一月二十四日、メフメットはクルド系TVメド・ヌーチェのスタジオからの取材に携帯電話で応え、避難している民家が集中的に攻撃されており、地下室で女性一人が死亡したと明らかにした。

「家屋の住所を政府担当者に伝えたら、すぐに家屋の上階が集中的に攻撃され破壊された。負傷者を地下室に避難させた」

「負傷者の状態が刻一刻と悪化している。医療用品がないので、地下室にある枕の中綿を取り出し、止血を試みている」

翌二十五日も軍の激しい攻撃は続いた。ファイサルの携帯電話に地下室からメッセージが入った。

「今、建物の上部が破壊された。息を吸うのが苦しい」

ファイサルは、地下室から届いたメッセージも含めてツイートする。

1月25日

①ある地下室に十八人の重傷者を含む二十七人の負傷者が救急車を待っている。

②（リツイート）フラット通信「（ファイサル・）サルユルドゥズから欧州に呼び掛け「皆が何かをすべきだ」」

③（リツイート）ＢＢＣトルコ語放送「人口十二万人のジズレに二万人が残っている」

④死にかけている負傷者から届いた最後のメッセージ
「今、上の階が（爆撃で）崩壊した。呼吸が苦しい」

「毎分のように人が死んでいる。どうなっているんだ」

「建物が私たちの上に崩れてきている。呼吸ができない。話し合いはどうなっている？」

⑤死亡したルズギャルとセラミは、同じ村の出身だった。村は一九九三年、政府によって焼き払われた。

「お父さん、私を離さないで」

二十六日も攻撃は緩まなかった。地下室には電気が通っていなかったが、携帯電話を乾電池で充電する方法で、人々は外部と連絡を保っていた。

首都アンカラでは、HDP議員らが内務省高官と協議したが、負傷者搬送について合意ができなかった。地下室ではセリム・トゥライという名の若者が死亡、十六歳の少女、スルタン・ウルマックの状態が悪化していると伝えられた。ファイサルは地下室から届く言葉をツイートし続けた。

1月26日

①負傷者がいる地下室の天井は崩壊寸前だ。天井が崩れたら、世紀の大虐殺となる。

②地下室から（のメッセージ）「ここにスルタンという名の重傷の女の子がいる。お父さん、私を離さないで、と私にずっと言っている。これを聞くと打ちひしがれる」

③地下室から（のメッセージ）「水を欲しがる十三歳の女の子がいる。ずっと欲しがっている。しかし内出血があるためにあげることができない」
④欧州人権裁判所は、四日間にわたって地下室で攻撃に晒されている負傷した市民の生存権を守るために、トルコ政府に呼び掛けを行った。
⑤これが弾圧だ。クルド人の声を小さくして無視し、支配の力におごり高ぶることは、山（ＰＫＫの拠点カンディル）への道を開くことにつながった。
⑥ウェブニュースＴ24「トルコ国会で演壇に立ったＨＤＰ議員が、携帯電話のスピーカー機能を使って（ファイサルと）つなごうとしたところ、与党議員らが激しく非難した。「出て行け！　山に帰れ！」」
⑦地下室にいる負傷者と、ここ三時間連絡が取れない！
⑧一刻も早く病院に搬送されるべき負傷者らに軍事作戦が行われているのかもしれない。夜以降、町は静かだ！
国際人権団体「アムネスティ・インターナショナル」はこの日、「ジズレの地下室に死

傷者を含め二十八人が閉じ込められている」として、救急車派遣などをトルコ政府に求める緊急行動を世界に呼び掛けた。

「あなた方も共犯者となる」

二十七日の朝、一晩中連絡がつかなかった地下室から、二十歳のヌスレッティン・バヤルの死亡が伝えられた。

ＨＤＰの副代表イドリス・バルケン、メラル・ダヌシュ・ベシュタシュ、オスマン・バイデミルからなる議員一団が内務省と協議した結果、地下室の負傷者救出で内務省から許可が出た。ところが、同じことが繰り返された。地下室がある建物に複数の装甲車が到着し、一斉射撃を行った。現場に向かった救急車は警察官に止められ、運転手は警察署に連行された。この事態に抗議し、バルケン議員らが内務省でハンガーストライキを開始した。

ファイサルはツイッターで対抗しようとする。

1月27日
①現在地下室が包囲されており、恐怖の声が届いている。
②地下室より「五遺体がここにある」
③ここ一時間、戦車で包囲し攻撃している地下室の重傷者らに「投降せよ」という呼び掛けが行われている。
④重傷の人々に投降させようとし、ありもしない(対テロ作戦の)勝利のストーリーをでっちあげようとしているに違いない。

地下室にいるメフメット・トゥンチュは、この日もクルド系TVメド・ヌーチェに電話出演した。この音声は、インターネット上に残っている。メフメットの言葉と緊迫した声から、国軍がじわじわと迫っている恐怖と絶望感が伝わる。

「危機的状況だ。私の側に五人の遺体が横たわっている。我々が直面しているのは処刑、そうでなければ建物崩壊だ。装甲車が攻撃しており、入り口のドアが今、破壊された」
「私は今、二階に来た」

「友達がメッセージで、四人の市役所職員がこちらに向かったと伝えてくれた。しかし、彼らが出発したと思われる時間帯に、攻撃が激しくなり、（まるで）処刑を実行することで根こそぎ処理しようとしているかのようだ」

　スタジオのキャスターが聞く。

「救急車は見えますか？」

「いや、全く見えない」

　厳しい選択しか残っていない、とメフメットは叫ぶ。

「負傷者を残して、少なくとも健康な者をこの建物から出さねばならない。しかし外に出ると、スナイパーに狙われてしまう。地下室に残って処刑を待つか、外に出てスナイパーのターゲットになるか、決めなければならない。健康な者が五、六人で外に出れば、一人か二人は殺されるだろうが、三、四人は生き残れるかもしれない」

　メフメットはこの日、欧州議会が主催した第十二回クルド会議にも電話で参加した。HDPの報告書は、この会議でのメフメットの発言を記録している。

「ジズレで大規模な殺戮が行われている。我々は虐殺に直面している。敵に対し使う武器を自国民に向け使っているのだ。欧州議会にいる友人たちに呼び掛ける。ジズレで本当に悲劇が起きているのだ。飲み水はもう尽きてしまった。（私たちがいる）四階建ての建物が砲弾で崩壊しつつある」

「この残虐行為を、お願いだから止めて欲しい。あなた方は、ジズレのこの殺戮を止められる力を持っている。政府に警告して、ジズレの包囲網を解く力をあなた方は持っている。さもなければ、今後起こる殺戮について、あなた方も共犯者とみなされるだろう」

1月28日

「処刑するつもりなのか」

地下室で重傷者がまた死亡し、死者は六人となった。ファイサルのツイートは怒りと絶望が交錯している。市役所の救急車は、たびたび負傷者を運ぼうと現場に向かったが、装甲車から発砲されたり、救急隊員が警察に連行されたりした。

①朝からこれまで三回、救急車が送り込まれたが、そのたびに装甲車が銃撃戦を演出する。
②走り回る装甲車に同乗する宮殿メディア（政府系メディア）が流すニュースにより、政府の残虐行為と人道犯罪が覆い隠されている……。
③私がジズレで起きている残虐行為を知らせようとしているため、私をターゲットにして事実ではないことを報道しているメディアがある。
④地下室まで百メートルの所まで近づいた市役所の救急車は、戦車によって止められている。
⑤彼らは素晴らしい子どもたちを死に追いやることで、あらゆる恨みを晴らそうとしている。十三歳のチチェッキは死にそうだ。
⑥保健省は、三十人近い負傷者に対し、一キロ先に駐車した救急車から「出て来てください」と呼び掛けたにもかかわらず誰も出て来なかった、と言っている！

負傷したＤＢＰ党員、メフメット・ヤヴゼルが、メド・ヌーチェＴＶの電話取材に応じた。

「現在、十九人の負傷者がおり、うち五人は重傷だ。地下室には六遺体がある。ここにいるのは、自由女性会議の活動家、民主青年連盟（クルド系青年組織）の大学生たち、そして一般市民だ」

「今、周囲を完全に包囲されている。装甲車がこの建物を包囲し、メフテルのマーチ（オスマン帝国時代の軍楽）を大音響で流している。上空には、監視飛行機が飛んでいる」

飲み水がなく渇きに苦しんでいるとメフメット・ヤヴゼルは訴える。

「我々は二日間、水を飲んでおらず死にそうだ。四人がいつ死んでもおかしくない状態にある。それなのに、当局は安全地帯まで歩いて来いと言う。（政権には）他の意図があるとしか思えない。このまま我々が死ぬのを待っているのか、処刑するつもりなのか、どちらかだ」

　この日、ダウトオール首相は首都アンカラのエセンボア空港で記者団に対し、「テロとの戦いは遂行するが、負傷者が誰であれ、病院に搬送させるためにあらゆる措置を取る」

と語ったが、負傷者の大半が市民であるとは認めなかった。
「内務大臣と私はこの件の成り行きを見守っている。まず治療をし、それから司法に送る。トルコで行われているテロとの戦いで、不法行為があったなどと言わせない。まずテロの中心人物たちを投降させるよう真剣に呼び掛ける必要がある」
この方針は、実行されなかった。あるいは、国軍は相手にしなかった。

エルドアン大統領「負傷者はいない」

ファイサルは、地下室から届いた叫びを次々とツイートした。渇きに苦しみながら、他人の苦しみを少しでも和らげるために力を振り絞る人たちがいた。

1月29日
①今日の地下室より「友よ、片方の手が使える人が、（地下室の）倉庫にあった一リットルの水を（続）

②出し、皆の唇を濡らしてくれた。誰もが唸っている……。
③「自分を殺したい。もう十分だ。水、という唸り声を聞きたくない」
④「もう誰も私に電話をかけるな」
⑤「水が欲しいんだ、友よ。水だ‼」
⑥「水をくれ、友よ、水、水」
⑦地下室から届くメッセージは、百年の（クルド人の）悲劇の集大成として、市民の記憶に刻み込まれる。
⑧最後のメッセージから二時間が過ぎたが、砲弾音は止まない。

イスタンブールのモスクで金曜礼拝を終えたエルドアン大統領は記者団に対し、地下室にいるのはテロリストだと示唆した。

「救急車が送られていないという報道は嘘だ。救急車は常に待機していて準備万端だ。負傷者が搬送されないのであれば、地下室にいるのは負傷者ではないのだろう」

この発言にファイサルは憤った。地下室で苦しんでいる人々が普通の市民であることを示すために、全員の名前と写真を送るよう、携帯電話でメッセージを送った。間もなく画像が来た。十六人の負傷者と脱水症状の九人の名前、それに負傷者の写真が送られて来た。大半がファイサルが日常生活でよく会う人たちだった。

負傷者＝メフメット・ヤヴゼル、フェリデ・ユルドゥズ、フェルハット・サルトゥカルプ、アリ・フラット・カルカン、ムスタファ・ヴァルティヤック、ムスタファ・アスラン、タヒル・チチェッキ、ルドヴァン・エキンジ、デルシム・アクサイ、イスラム・バルケシル、セルダル・ピシキン、フェルハット・カラドゥマン、スルタン・ウルマック、セルジャン・ウール、ロハット・アクタシュ、フェフミ・ディンチ

空腹と脱水症状＝ハジェル・アスラン、ギュリスタン・ウストゥン、サキネ・シライ、ベルジン・デミルカヤ、ラマザン・イシチ、マフムット・ドゥイマック、カスム・ヤナ、オスマン・ギョクハン、イゼット・ギュンドゥズ

二十五人の名前は、開かれていた大国民議会の場で読み上げられた。この後、市の救急車は出動したが、特別機動隊が現場到着をまたもや阻止した。

ファイサルは、地下室からのメッセージと共に、怒りの言葉をツイートする。

①「友よ、七発の砲弾が建物に打ち込まれた。多くの仲間の声が聞こえなくなった」

②（与党公正発展党）ＡＫＰは（一九九〇年代にＰＫＫとの激戦に参加した）サイコパス（の元兵士）たちを武装させてジズレで残虐行為を繰り広げている。

録音された悲鳴と爆音

一月三十日。首相府と内務省、保健省が合同で設置した危機調整デスクが「安全環境を確保した」ことを受け、ジズレ市役所に所属する救急車が午前九時半に地下室がある建物へと出発した。保健省に所属する救急車もこれに同行した。

以下は、市と国の救急車が地下室に向かっている時に、ＨＤＰ国会議員のメラル・ダヌシュ・ベシュタシュが、地下室にいるＤＢＰ議員、メフメット・ヤヴゼルと電話で話し、救急車が現地に向かっていることを告げた時の会話である。メラルは、救急車が到着し、「当局が承認を出してから十五分以内に地下室から出て来れば救急車に乗せるということで合意した」と伝える。電話でのこのやり取りは、インターネット上で公開されている。

〈第一録音〉

ベシュタシュ議員：今救急車を追跡しているところ。そこに向かっているわ。
ヤヴゼル：分かった。
ベシュタシュ議員：着いたら、あなたたちにまた電話する。
ヤヴゼル：分かった。まだ（救急車の）音は聞こえない。
ベシュタシュ議員：分かってる。救急車が到着したら、また電話するから。
ヤヴゼル：今は何の音もしない。

〈第二録音〉

ベシュタシュ議員：省関係者と話をした。皆が今、電話を聞いている。
ヤヴゼル：分かった。
ベシュタシュ議員：今のうちに準備しておいて。承認が出たら……。
ヤヴゼル：分かった。
ベシュタシュ議員：私たちが電話をしたら、出るのよ。

〈第三録音〉
ベシュタシュ議員：音はやんだ？　警察の音。
ヤヴゼル：（警察官は）ここにいる。この建物の、廊下にいる。
ベシュタシュ：あなたたちが外に出る扉の前にいるのね。
ヤヴゼル：そうそう、（建物の）中にいる。
ベシュタシュ議員：中にいるわ。
ヤヴゼル：おそらく、あなた方の声も彼ら（警察官）に聞こえていると思う。電話は
オンフック（スピーカーから声が聞こえる機能）にしてあるから。内務大臣もそこに

いる？

ベシュタシュ議員：今、彼は電話を……。

（「爆弾が投げ込まれた！　助けてくれ！」という人々の叫び声、爆発音、銃声が響き渡る）

〈第四録音〉
ベシュタシュ議員：もしもし⁉
ヤヴゼル：耳がおかしくなった。聞こえない。
ベシュタシュ議員：私の声は聞こえる？
ヤヴゼル：ほんの少しだけ。
ベシュタシュ議員：ほんの少し……今、私は叫んでる。大声で叫んでるの。あなたたち、そこから出られる状況じゃないなら、他の方法を考えなければ。
ヤヴゼル：瓦礫の下敷きなんだ！　どう説明すればいいんだ！
ベシュタシュ議員：分かった、分かったわ。出られる状況じゃないのね。

ヤヴゼル：瓦礫の下だ！

その後、地下室の人々との連絡は途絶えた。ファイサルは、この日、次のようにツイートした。

①地下室の建物に、特別機動隊が強制介入した。これにより、負傷者たちは瓦礫に埋まった。この行為を決して忘れない。
②生き残った負傷者が建物から出ようとしたところ、爆撃を受け、地下室の一部が崩壊した。
③政府の死の分隊は、救急隊員に「あいつらをこのまま生かしておかない」と言った。
④ジズレでは数日間にわたり、戦車からの砲弾、装甲車からの連続的な攻撃の音が響いている。地下室とその周辺が攻撃を受けている。
⑤（リツイート）ディジュレ通信「十四人のボランティア救急隊員が、地下室の負傷者のためジズレに向け出発」

⑥空腹と脱水症状で死んでいく人々が救急車が来たのに乗らない、と言うものか。

ファイサルは国際赤十字にも仲介を要請したが、反応はなかった。

一方、ダウトオール首相はこの日、演説で地下室について発言した。

「おそらく地下室に負傷者などいないのであろう。（救急車に）連れて来られた負傷者はいない。誹謗中傷でトルコの名誉を傷つけようとする者たちに呼び掛ける。負傷者はいったい、どこにいるのか。負傷者が誰であろうと、我々は彼らがいる場所に到達しようと努力している」

ファイサルらから連絡を受け、息子や娘が閉じ込められていると知った母親ら十人の女性が、白い旗を掲げて地下室があった建物に向かって歩き出した。しかし、あともう少しという所で特別機動隊に拘束され、警察署に連行された。

ファイサルは、この女性たちについてもツイートしている。

1月31日

①与党の残虐性と過失を唯一の真実として配信するメディア！　もう少し良心に耳を傾けなさい！
②地面に崩れ落ちた建物の百メートル近くまで行った女性グループは、現場を歩き回っている作戦部隊に拘束された。
③昨日の時点で死亡したのは七人。瀕死の状態にある二十四人が建物から出ないように治安部隊が見張っている。

2月1日
①女性たちは、崩壊した建物の庭側のドアにまで行った。建物の西側は完全に崩壊しているが、東側は二階まで壁が残っていたという。
②分かったことは、政府は計画的に殺戮を行っており、負傷者を死に追いやり人道に反する罪を犯している。
③遺体搬送車が、通りにある五遺体を引き取るために現場に向かった。

地下室から二十六遺体が回収され、ジズレ国立病院に搬送されたのは二月十二日になってからだった。最終的に搬送されたのは三十一遺体になった。遺体袋の搬出を手伝うよう指示された遺体搬送車の運転手は「遺体はバラバラで燃えていたため、遺体袋はとても軽かった」とＨＤＰの調査団に証言している。

政府が子どもを焼き殺すとは思わなかった

ＨＤＰの調査団は、地下室にいた人々の母親や父親、妻らから丁寧に話を聞いている。以下は、報告書からの抜粋である。

ラマザン・イシチの母、ハティジェ・イシチ

ラマザンが地下室に取り残されていると知ってから、十人の女性たちと地下室に向けて歩いたの。地下室の壁のところまで近づけたのよ。だけど兵士と警察が、それ以上近づくことを認めなかった。建物の東側は崩壊していた。地下室は、当時は端っこだけが崩れていた。兵士が「そこには誰もいない」と言ったけれど、私たちは子どもたちがいることを知っていた。そして兵士が警告した。

「僕にも母親がいる。あなたが死ぬのは心が許さない。これ以上行くと、銃撃されるよ」

私たちは警察に連行されて、朝九時から、夜十時半までずっと拘束された。

私たちは、子どもたちを助け出せると思っていたの。政府が私たちの子どもを焼き殺すだなんて、考えもしなかった。ただ行って、息子をおぶって連れて帰ろうと思ったの。それを邪魔して焼いてしまった。あなたの子どもが焼き殺されたら、耐えられる？　子どもたちが、あの瓦礫の中に埋まっているのをただ見ているだけだなんて。元気な我が子が、目の前で。迎えに行ったのに連れ戻せなかった。耐えられる状況だというのなら、神《アラー》は彼らにも同じ経験をさせるべきだわ。

地下室が崩壊したという報道を聞いた夜、ラマザンが私の夢に出て来た。振り返ったらラマザンがいるの。

「母さん、僕は隠れていて助かったんだ」

「あれだけの兵士が攻撃したのに、どうやって地下室から出られたの？」

「母さん、本当に隠れてたんだ。誰にも見られなかったよ」

私には十三歳の病気の息子もいて、骨髄移植が必要なの。家族の中で、ラマザンの骨髄だけがその子に適合していたから、ラマザンの背中から骨髄を取って、骨髄に移植したわ。息子は外出禁止令で検診にも連れて行けていない。

夫を殺害されたジヤン・クチュック

地下室まであと二十メートル、というところまで来て兵士と警察が私たちを囲んで、私の頭に銃を突きつけた。十人の母たちの中で私だけが若く、そしてトルコ語を理解できたから、彼らは私に聞いた。

「何だってあそこに行くんだ。何の用があるんだ」

「私の夫があそこにいるんです。あの人たちがテロリストだというのなら、私たちがこの手で連れてきてあなたたちに引き渡します。そしたらテロリストかどうか、分かるでしょう?」

「あそこにいるのは全員テロリストだ、一般市民はいない」

兵士たちが言った。

「私は妻よ。中にいるのは一般市民や子どもよ」

と私は答えた。

「出てきて！　お願い！　あなたたちを助けに来たのよ！」

私たちは叫び、私も夫の名前を泣きながら叫んだの。

「アディル、どこにいるの。私来たわ。あなたを助けに来たのよ。あなたをおぶって連れて帰るために来たの」

私の声は、ジュディ地区に響き渡った。だけど、兵士たちは私たちが地下室に入ることを許さず、警察に連行した。夜中一時頃、やっと解放された。ひどい扱いだった。トイレに行けず、水も飲ませてくれなくて、せめて年を取っている女性にだけでも許してあげて、とお願いしたけれど駄目だった。


殺害されたヌスレッディン・バヤルの母、フェレクナズ・バヤル

二十四年前、政府は私たちが暮らしていたシュルナックの村を焼き払った。それで私たちはジズレに移住しなければならなくなった。その時も、村で殺された人たちがいたけれど、私たちは逃げられたの。

ヌスレッディンは通信教育で高校課程を学びました。まだ十九歳だったわ。地下室に取り残されたことは、テレビで知ったの。それまで、どこにいるのかははっきり分からなかったけれど、私たちの（家の）周りにも多くのスナイパーがいて、身動きが取れなかった。家を出るチャンスがあればもちろん出ていたわ。すごく大きな爆発音がしたから、（ファイサル・）サルユルドゥズ議員に知らせた。彼も地下室に行けなかったと言っていた。国会議員さえ行けないのに、私たちが行くチャンスなんてなかった。外に出ると、スナイパーに狙われるんだから。

ムハッレム・エルベキの父親、サリヒ・エルベキ

二十二年前、ケラシャ村からジズレに移住した。政府が村に砲弾を撃ち込んで、三人が死んだんだ。村から家財道具など持って来られなかった。ここに来て家を借り、二十二年間働きづめで家を建てたのに、また私たちの家が崩された。

あの時と今とでは、大きな違いがある。今はもっと残酷だ。私は五十二歳だが、こんな残酷な事態は経験したことがない。村にあった私たちの家は土でできていたから、崩されて下敷きになっても人は死ななかった。だけどジズレは人口も多いし、家もコンクリートでできている。

私は（息子の）ムハッレムと母親と一緒に三十日間、家に隠れていた。その後砲弾が激しくなったので、自宅を離れた。砲弾は家にも人にも、あらゆるところに撃ち込まれていた。

「僕まで一緒にここを出たら、家に泥棒が入るかもしれない」

ムハッレムは言って、皆の反対を押し切り残ったんだ。テレビで地下室にいる人たちの名前が報道されて、息子が地下室にいることを知った。全く連絡が取れていなかったから、ジズレから出られたんじゃないかと期待していたけれど、地下室に逃げ込んでいたんだ。

ジズレの建物の屋上にトルコ国旗が掲げられていた。政府が制圧したぞ、と言わんばかりにね。まるで別の国を占領したみたいだった。政府はお前らに残酷なことをした、我々は勝利した、と言っているようだった。

マフムット・ドゥイマクの妻、シェリフェ・ドゥイマク

ジュディ地区に住んでいました。この地区を政府は激しく攻撃しました。水と電気がなく、外出禁止令が続く中で保存食も食べ尽くしてしまったので、夫は周囲の家から保存食を確保しようと出て行ったんです。でも夫と一緒に行った五十歳の友人がスナイパーに撃たれてしまって。そこはとりわけ激しい攻撃があった場所らしかったのです。夫は、すぐ近くにあった葬儀所の建物に避難しました。外出禁止令が始まる直前にジズレに来た大学生たちも、地区の様子が分からないから同じ葬儀所に避難していました。学生さんたちの中には、銃弾と榴散弾の破片で負傷した子もいました。夫はケガをした学生たちを残して行きたくなかったらしいです。そんな状態で、どうして学生たちを置き去りにして行けると言うのですか？　人間なら、そのまま残したりはしない。葬儀所も攻撃が激しくなったので、夫は学生さんやけが人と一緒にあの地下室に避難したのでしょう。政府は、夫も、地下室に避難した市民も全員を燃やしてしまったんです。

二つ目の地下室があった

地下室が総攻撃を受けた日から五日後の二月四日、市民が逃げ込んでいる地下室が他にもあることが明らかになった。崩壊した地下室からクルド系テレビに携帯電話でたびたび出演し、救出を訴えた人民議会の共同議長メフメット・トゥンチュが、クルド系TVオズギュルギュンに電話出演したのだ。この場所をここでは「第二地下室」と呼ぶ。ここからは、HDPの報告書やインターネット上の音声、筆者とのインタビューでのファイサル・サルユルドゥズの証言を交える。

2月4日

戦車と兵士らに包囲され激しい攻撃を受けた建物の地下室から、メフメット・トゥンチュは何とか脱出に成功し、百五十メートルほど離れたジュディ区ナリン通りにある建物の地下室に逃げ込んだのだった。メフメットによると、そこには負傷者を含め六十二人がいた。

治安部隊は、この建物に多数が逃げ込んだことを察知し、激しい攻撃を加えた。迫撃砲や砲弾で建物には穴が空き、二階で火事が起きた。それにより地下室にも煙が充満していた。

「あなた方の人間性に、私は呼び掛ける。足が千切れた人々がいる。子どもがいる。皆がここでじりじりと焼かれている。これはトルコの、そして国連の、全世界の人道に対する恥として歴史に残ることに疑いの余地はない」

メフメット・トゥンチュのこの音声も、インターネット上で公開されている。

HDPは首都アンカラで、消防車と救急車を現場に送るよう内務省に掛け合い、内務省の担当者は消防車を妨害しないと約束した。しかし、治安当局が許さなかった。

この火事で九人が死亡、二十七人が重傷を負った。十六歳のアフドゥッラー・ギュルは、建物から一歩出た瞬間に、スナイパーに射殺された。

「投降せよ」

治安当局のアナウンスと攻撃は一晩中止まなかった。

2月5日

メフメット・トゥンチュはメド・ヌーチェTVに出演し、撃ち込まれた砲弾により大きな火災が起きたと携帯電話で訴えた。

「(家主が置いていた)水を使って火事をなんとか止めたが、九人が死亡した。判別がつかないほど顔が焼かれた者もいる。ここで強調しておきたい。もし遺体が明日にでも運び出されたなら、AKP政権は遺体を大急ぎで埋葬するだろう。この建物は突然、火の玉と化し、私も顔と手に火傷を負った。人々の顔は腫れ上がり、体が火ぶくれに覆われている。禁止された兵器が使われたと、私は確信している」

「国連に呼び掛ける。遺体の調査と分析が行われるべきだ。どんな兵器で殺されたのか調べるべきだ。私はこれが単なる火事だとは思えない。火を消している時に、火事が火の玉になったのだ」

「亡くなった人を必ず、遺族が埋葬しなければならない。国連と共に、遺体を分析するべきだ。ここには十三、十四歳の子どももいるのに、まるで武装した者がいるかのように、治安当局は地下室を燃やし破壊している。そして人々は死んでいるのだ。エクレム・ソーウルゲン、メフメット・アスラン。この二人はまだ十四歳だ。顔に火傷を負っている。サワシュ・パルジャン、フィダン、フェレク・チャーダウル、ヤセミン・チャクマク。この少女たちも十三、十四歳だ。私は、他の兵器でこの子どもたちが殺害されることを恐れている。ここにいる人たちは救出可能だ。少なくとも、数百人が現在、ジズレの瓦礫の下に残っている。私はたまたま、この地下室に来たが、同じような地下室は（ジズレに）何十もあるはずだ」

「しかし市民は沈黙した」

2月6日

ジズレが属するシュルナック県の知事は、メフメット・トゥンチュらがいる建物で火事が起きたことについて、

「建物から逃げ出したテロリストたちが、火を放った」

とするプレスリリースを発表した。

この日、各家庭の台所や風呂場の排水口から化学物質の臭いが立ち上り、家に残った人々は目や喉がヒリヒリしたと、複数の人がＨＤＰ調査団などに証言している。

2月7日

メフメット・トゥンチュはこの日もメド・ヌーチェＴＶに電話で出演した。おそらく、最後の訴えになると彼は覚悟していたのだろう。あらん限りの声を上げ世界の市民に訴えてきた、と彼は叫ぶ。

「現在五十一人がこの地下室にいる。おそらく、このような数十もの地下室がこの地区にあるのだろう。早急に医師や弁護士にジズレに来てもらい、負傷者や死者の体を調べるべきだ。治安当局はこの人々の体に武器を乗せ「こいつらはテロリストだ、武装した組織メンバーだ」とメディアに流すだろう」

「しかしこの人たちは地下室で、不明な兵器で殺されたのだ。検視されることなく埋葬されてはならない。ＡＫＰ政権は、火事場から家財道具を盗むかのように遺体を埋めてしまい、翌日には国連にあたかも自分たちが正しいかのように見せようとするだろう。これに沈黙してはならない。ジズレの遺体は、埋葬されてはならないのだ」

もはや、自国の軍による殺戮を誰も止められない。メフメットは、最後の演説をする。

「クルド市民に呼び掛ける。これは、戦いだ。自由への戦いだ。今、ここジズレが陥落しても、もしくはここで百人が殺害されても、自由への戦いは終わらない。そのことはみんなが分かっている。我々は志気を高く保たねばならない。この地下室で人々が命を落としても、自由への戦いが終わったという意味にはならない」

「我々は叫び、呼び掛け、あらん限りの声を上げ、全世界の市民に訴えてきた。ジズレ市民は戦車、砲弾、燃焼系武器、ロケット弾に対して全力で盾となってきた」

「全世界の市民への非難として言う。我々の叫びに、市民は沈黙した。この地下室にいる人たちは今、殺戮に直面している。彼ら（国軍と治安部隊）は近づき、「投降しなければ、お前ら全員を焼き殺すか窒息死させてやる」と脅している。ＡＫＰ政権と県知事の意図は分からない。あなた方に今、砲弾の音が聞こえるだろうか」

スタジオのキャスターは、言葉が発せられない。メフメットはスタジオとつながれた電話を切った後、近づく砲弾の音を聞きながら、闇の中でどう過ごしたのだろうか。十代のエクレムやヤセミンはどうしていただろうか。

メフメットのこの発言の数時間後、市内に爆音が響き渡り、地響きで家屋の窓ガラスが振動した。メフメットの母は、その振動を覚えていた。地下室に閉じ込められていた子どもたちの親も、夫を案じる妻も、その振動を忘れることはないだろう。国軍と治安部隊の攻撃で、建物は完全に崩壊し、地下室に沈み込んだ。

政府系ニュースTNTは、「治安当局がジズレで、テロリストが制圧していた地下室に介入し、六十人近いテロリストを殺害した」と報じた。

2月8日
国軍は市役所に、遺体搬送車の出動を第二地下室に要請した。搬送車は現場近くで待機したが、八日は遺体回収をしないままだった。
ジズレ市役所の九日の記録によると、ジュディ区メフメッチック通りから二十七遺体、ナリン通りで十遺体など、計六十三遺体を市役所の遺体搬送車でジズレ国立病院の遺体安置所に搬送している。

三つ目の地下室で人々は焼き殺された

大爆発と共にメフメット・トゥンチュがいた建物が崩壊した三日後の二月十日、数百メートル離れた建設中の家屋の地下に、四十五人ほどが避難していることが分かった。西部ミラス市のHDP元支部長デリャ・コチュが独立系IMCテレビに電話を掛けたことから判明したのだ。ここでは「第三地下室」と呼ぶ。

「兵士たちが、地下室にいた二十人を焼き殺してしまった。灰にしてしまったんです。ここから脱出しようとしたけれど、数人がスナイパーに射殺されました」

彼女は、メド・ヌーチェTVにも携帯電話で出演し、現場の状況を詳細に、アルトの落ち着いた声で伝え、軍と治安部隊に包囲されているが「生存している者がいる」と助けを求めた。この音声もインターネット上にある。

「この地下室に避難していたのは当初は数人だけでした。攻撃が激しくなるにつれ、建物周辺にいた人、けがを負った人が次々に集まって来たんです。我々は負傷者二十人ほどを地下室に運び込みました」

人々は、救急センターに電話をし、救急車の出動を要請していた。だが、地下室の場所を当局に特定させることになっただけだった。建物の近くには、外出禁止令が始まる前に若者らが掘った塹壕があった。ターゲットを決めた兵士らは、塹壕から地下室に向け、砲弾を撃ち込んだとみられる。

「地下室の一部が壊れ、けがをしていない者、けがが軽い者は上の階に逃げました。今朝八時頃、兵士二人が（地下室の壊れた場所から）入り込み、ガソリンをまき、火を放ったのです」

「助けを求める悲鳴が響きました。だけど私たちは行くことができなかった。一時間半ほどの間、友人たちは燃えていたのに、身動き一つできなかったんです」

「今、私たちは二十五人。半数はけがをしています。私の呼び掛けはただ一つです。この攻撃を止めて欲しい。普通の市民に、何の罪があるのでしょうか。若者たちが何をしたというのでしょうか」

その日の夜、HDP本部情報デスクは、十六歳のエメル・アイハンら二人と電話でつながった。二人は、地下室の二十人ほどが焼き殺されたと話し、「撃ち込まれたガス弾で息が苦しい」「自分たちも処刑されてしまう」と訴えた。

市役所にいるファイサルも救急車が現場に行けるよう電話で警察に掛け合った。だが警察は「武装組織の掃討と治安」を理由に、断固として救急車の派遣を許可しなかった。デリャ・コチュがメド・ヌーチェTVで助けを求めた翌朝、スナイパーが建物を取り囲み、ガス弾と火炎弾が打ち込まれ、戦車が激しく攻撃した。この建物からはその日のうちに、黒こげの三十一遺体が病院に搬送された。二十四時間の外出禁止令が一部解除されたのは、それから二十日が経ってからだった。

その後のファイサル　欧州で難民となる

ファイサル・サルユルドゥズは二〇一六年五月下旬に欧州に向けて出国して以来、一度もトルコに帰っていない。トルコ国会は議員特権法廃止を可決し、ファイサルにはテロ容疑がかけられているからだ。ジズレでは市役所の職員ら多数が逮捕されていた。

それからおよそ一カ月半後に、トルコでは国軍の一部将校らによるクーデター未遂が起きた。エルドアン大統領はますます独裁化を強めた。判事ら司法関係者、警官、兵士、大学教員を含む教師、公務員ら約五万人を逮捕し、十二万人が停職処分、あるいは職を解かれた。反政府とみなされた報道機関を閉鎖し、刑務所に入れられた報道関係者の数は中国と一、二位を争っている。クーデター未遂は結果的に、大統領の権限拡大を問う国民投票にも追い風となった。

ファイサルはドイツで難民申請をして認められ、四年が過ぎた。彼は欧州でどう暮らしているのだろう。私は彼と顔を突き合わせて話をしたかった。しかし新型コロナウイルスの世界的流行で旅が叶わず、ビデオ会議システムで再会することになった。二〇二〇年初夏のことである。

久しぶりに見るファイサルは明るく、エネルギーに満ちている様子がパソコンのスクリーンから伝わった。ドイツ政府からは月に八百ユーロの支援があり、生活水準は高く安全だ。故郷に帰ることはできないが、ジズレ郊外の村に今でも住む両親と時折、電話で話している。医師や薬剤師をしている兄弟がドイツを訪れることもある。ドイツには、多数のクルド人の仲間たちがおり、自分を支えてくれる。彼は朗らかな口調で近況を語ったが、実は二〇一六年に会った時とは別の怒りを抱えていた。

「私はトルコ政府への怒りと、国際社会への希望に満ちて欧州にあの時、来たのです。ジズレの人々を集団で虐殺した当局者を法廷で裁くのだ。欧州は先進国のモデルだから、それは可能だと信じていました」

欧州には、国連人権高等弁務官事務所（OHCHR）や、人道に反する罪やジェノサイドを裁く国際刑事裁判所の本部、それに欧州人権裁判所もある。ジズレの虐殺を国際社会は止められなかったが、それでもファイサルは民主主義や人権を守ることを高らかにうたった欧州連合（EU）の理念に期待していた。だが、それは夢に過ぎなかった。

ファイサルは、国連の複数の機関や各国の政府高官らの所に出向き、ジズレ事件の証拠書類を提出しようとした。

「レポートは読みました」

ファイサルは大抵、こんな返答を受けた。ファイサルが話すまでもなく相手方は、国際人権団体のアムネスティ・インターナショナルやヒューマン・ライツ・ウォッチが発表した報告書を読んでいて、トルコ南東部で起きたことを知っていたのだ。それでもファイサルは懸命に説明した。自分が何を目撃して、何を経験したか。相手は同情の色を浮かべ、耳を傾けている。

「初めのうちは、私の話を聞いてくれている、と感じて一生懸命に話すんです。ああ、この人は私が言っていることを分かってくれているんだと」

ところが、ある時点で大きなズレがあることに気づく。いつの間にか、相手は自国の利益について話をしている。ファイサルは言葉をのみこむ。

人道に反する罪を犯した者を罰するという意志が、彼らにはあるのだろうか。国軍や治安部隊による残虐な行為を知っていたのに、見て見ぬふりをし、沈黙していただけではないのか。

こうしたことが繰り返され、彼の怒りは世界へも向くようになった。

自国の市民を虐殺した当局者の責任を問うことがこれほど難しいと想像していなかった、とファイサルは言う。

戦争犯罪を裁くには

重大犯罪を犯した個人の責任を追及する機関として、一九九八年に国際刑事裁判所（ＩＣＣ）が創設され、二〇〇三年にオランダのハーグに設置された。ジェノサイド、人道に対する罪、戦争犯罪、侵略の罪を裁く。トルコはＩＣＣの締約国ではない。ＩＣＣがジズレで起きた犯罪に管轄権を行使するためには、安全保障理事会からの付託が必要だ。しかし、安保理常任理事国五カ国のうち、一カ国でも拒否権を行使すれば付託は不可能となる。米国、ロシア、フランス、イギリス、中国の常任理事国は、どの国もトルコと政治経済で深い利害関係がある。トルコは北大西洋条約機構（ＮＡＴＯ）の地政学的に重要な加盟国であり、欧州にとっては生産拠点であり大国の武器市場でもあり、石油と天然ガスの通過国でもあるのだ。常任理事国がそれぞれの自国の利益を守るためには、欧州と中東の緩衝地帯であるトルコの政治が安定していることが何よりも重要なのだ。それはトルコ南東部のクルド人の人権よりも常に優先されるというのが、冷酷な現実である。

ジズレの地下室で市民が助けを求めていた時期、大きな二つの問題に、欧州と、米国などＮＡＴＯ加盟国は悩まされていた。欧州に押し寄せていた難民と、「イスラム国（ＩＳ）」である。

両方の問題で、トルコは鍵を握っていた。トルコは当時、約三百万人に上る隣国シリアや周辺諸国からの難民を受け入れており、ＥＵへの流入を食い止める役割を果たしていた。米国主導の有志連合によるＩＳ掃討作戦では、トルコ南部のインジルリク空軍基地が空爆などで重要な拠点になった。さらにトルコは、テロ組織とみなしているシリアのクルド組織、民主統一党（ＰＹＤ）とその軍事部門の人民防衛部隊（ＹＰＧ）が米国と連携することに目をつぶり、米国の要請によりイラクのクルド治安部隊ペシュメルガがトルコを通ってシリアに入ることをもしぶしぶ受け入れたのだった。

欧州人権裁判所の限界

欧州人権裁判所の限界もファイサルは感じた。

ジズレで負傷者が助けを求めて来た時、ファイサルたちは救急車を現場に派遣しようと何度も試みたが、国軍と治安当局は「戦闘が起きていて安全を確保できない」という理由で救急車を現場に行かせなかった。これが何度も繰り返されたため、ファイサルは欧州人権裁判所に希望を託した。

ファイサルらが欧州人権裁判所に最初に申請したのは、ヘルムという名の女子高生の救出だった。人権裁判所はヘルムの生命を守るためトルコ政府があらゆる措置を取るよう要請する決定を出した。トルコ政府が従ったのは、そこまでだった。その後、数人に出された裁判所の決定にトルコ政府は従わなかった。

「救出したいが現場が安全ではない」

というのが理由である。

一月二十日以降は、さらに八方塞がりの状態となった。多数が地下室に閉じ込められていることが分かり、ファイサルは計三十人について救出措置を申請した。しかし、欧州人権裁判所の対応は素っ気なかった。

「まずトルコ国内で全ての法的手段を尽くしなさい」

閉じ込められた人たちが、携帯電話を通じて助けを求めている一刻を争う事態であることをなぜ分かってくれないのか。トルコで法的手段を尽くせば、何年もかかってしまう。ファイサルは絶望感にさらされた。

救出されたヘルムも結局は、安全ではなかった。けがの手当てを受けた後に逮捕され、禁固三十年の判決を受けて服役している。

ファイサルは、北大西洋条約機構（ＮＡＴＯ）のメンバーである欧州の小国で、元内務大臣の自宅に招かれたことがあった。その場で首相に紹介され、非公式な会合であったが、数百人のジズレ市民の死に対する責任を法廷で問いたいと率直に言った。真摯に聞いていた首相も同じ率直さで答えた。

「ＮＡＴＯの会合の場で一応、伝えるけれど、聞く人はいないだろう」

自由と人権、民主主義の高い理想を掲げていても、結局は自国の利益が優先するのだ。

しかしファイサルの耳には地下室で助けを求める人々の声が残っている。水、水。あの叫びは、どこに行くのだろうか。

私の中にも残虐性の芽はある

「いろんな感情が私の中にあるんです。それをどう表現したらいいのか分かりません」

ファイサルがこう言った時、彼の目に今もにじむ困惑の意味を、私はようやく少し理解したような気がした。

「あれだけの残酷な行いを、人間が人間に対しなぜできるのか。人はあれほど残酷になるべきではありません。もし人間がそこまでの悪であるならば、世界はそう簡単に笑うことができなくなるのではないでしょうか。私はそのことに傷つき、困惑したんです。人間の深層には、そういう残虐性が存在する。そして、私も同じ人間で、私の中にも残虐性の芽があるはずだ。それに気付き、怒りは自分自身にも向きました」

国軍とＰＫＫの激しい戦闘が、新たな惨劇を呼び続けていることをファイサルは、痛いほどに知っている。

「あの地域（トルコ南東部）には、彼ら（政府、国軍）に対抗し抵抗する人々がいる。これまで歴史の中で、自由と解放のために犠牲を払ってきた人々です。そして今回、武装していない一般市民が生きながら焼かれ、銃撃され、爆殺されました。将来、同じ残虐さをもって対抗しようとする者が出て来るかもしれない。その可能性を考えると悲しくなるんです」

ファイサルが属するＨＤＰは武器を持たない民主的な活動で自由と権利を勝ち取ることを主張してきたが、強大な武器の力の前で市民を守れなかった。

「やっぱり民主的な方法ではだめなんだ。こう思って、ジズレ事件の後に武装闘争を支持するようになった若い人もいるのです」

ファイサルは、外出禁止令下で遺体回収に出向いたジュディ地区で、武器を持った若者たちに出会い、町から出るように言った。

「国軍は、全ての力を使って攻撃して来るだろう」

しかし若者たちは耳を貸さなかった。

「僕たちは自由のために抵抗するんだ。和平プロセスを破棄され、選挙で勝ったのに弾圧された。死を覚悟している」

あの時、無理にでも撤退させるべきだった、とファイサルは思っている。武器を持って抵抗した者は、早い段階で殺害され、持たない者たちも残虐に殺害された。そんな死に方を若者にさせるべきではなかった。

心身を叩き潰す

ファイサルは、クルド人として幼い頃から当局の弾圧を見てきた。理不尽に父親が警察官に殴られたり、村が焼かれたりする光景だった。それでも、流血を見ることには慣れないままだった。

ジズレで起きたことはそれまでの弾圧とは違っていた。毎日のように行き交い、言葉を交わしていた人たちが助けを求め続けた挙句に、世界が見ている前で焼かれ、射殺され、爆殺された。自国政府があそこまで残虐になれること。国際社会がそれに間接的に加担したこと。七十九日間に起きたことで、ファイサルは人間そのものに希望を失った気持ちになった。

政府が二十四時間の外出禁止令を一部解除した後、ファイサルは多数の友人たちが焼かれた地下室跡に行き、瓦礫の中に残っていた焼けこげた遺体の断片を素手で拾った。自分の冷静さが奇妙だったし、自分がいったい、何を感じているのかも分からなかった。

「あんな状況にいきなり投げ込まれても、人は慣れるものだと知りました。精神的に乗り越えることなんかできないだろうと思っていたんですが、今もこうして生きている。人は思ったより強いんですね。だけど、自分の中にある善いものに対する意志、のようなものが傷ついたと思います」

ファイサルはパソコンのスクリーンの中で薄く笑っている。善いものに対する意志、と言う彼の言葉を私は頭の中で転がしたが、それは何なのかと無邪気に聞けなかった。私が彼と同じ空間にいて息遣いを聞き、その視線を追える環境にいないことがもどかしかった。

ジズレで最も忘れられないことは何だったか。代わりに私は聞いた。ファイサルは少しの間、口をつぐんだ。

「全てがとても恐ろしいものだった。恐怖には段階がある、ということも知りました」

電話で助けを求めてきた年配の母親がいた。周囲に戦車がいて、外に出て町から逃げることもできなくなった。

「娘と二人で、地下室に避難しました。でも娘は恐怖でおかしくなってしまい、外に出ようとして壁を叩くのです」

どうしたらいいのかと母親は悲鳴を上げていた。極度の恐怖を耐えるためには、人は精神を自ら引き裂くしかないのだろう。

それほどまでの恐怖を経験した社会はおかしくなってしまう。当局が外出禁止令を解除した後、少なくとも十五人が自殺したと、ファイサルは明かした。

それこそが、軍や治安部隊が狙っていたことなのかもしれない。町を崩壊させ、家族や友人たちとの思い出を破壊し侮辱する。肉体だけでなく心も破壊する。それにより、抗う意志も叩き潰す。国軍とＰＫＫが激しい戦闘を繰り広げた一九九〇年代よりも残虐だったと、ジズレで何人かが私に言った。

再び反乱を起こす気にならないほどの残虐で徹底的な弾圧。この手法が使われたのは初めてではない。自由と権利、独立を求めるクルド人の抵抗はたびたび武力で押さえつけられてきた。ジズレの事件から八十年ほど遡った一九三七年から三八年にかけてトルコ東部デルスィムで実行された作戦が、それだった。兵士たちが残虐さを競い争ったかのような、無差別の凄まじい虐殺だった。政府はそれに止まらず、トルコ人への同化政策をも実施し、クルドの言語と文化の抹殺を試みた。その後、ＰＫＫが闘争を宣言するまでの五十年近く、クルド人の大きな反乱はなかった。

ファイサルを穏やかにしない記憶は他にもある。

ある時、ジズレ近郊に住む女性が電話で助けを求めてきた。女性の母を含め三人ほどの女性と共に地下室に閉じこもっているが治安部隊に囲まれていて、どうしようもない状態だと言う。ファイサルは地区の治安当局者に電話をした。

「女性たちを救出して欲しい。彼女たちは危険人物ではない」

ところが、数時間後にファイサルが伝えた住所に行ったのはトルコ軍の戦車だった。女性たちが閉じこもっていた建物は攻撃されて、女性一人が死亡してしまった。この報にファイサルは苦しみ、自己嫌悪に陥った。もし自分が治安当局者に住所を伝えなかったら、彼女たちは攻撃され死に追いやられることはなかったのではないか。そのことを今も考えている。

これほどの残虐性を目撃してしまったあなたは、これからどう生きていくのですか。目を背けたくなる人間の側面を凝視させられ、その証人として生きていく宿命を負っているのではと思わせる人がいる。ファイサルが正に、そんな人に感じられ、私は思わず尋ねた。私の質問に、ファイサルはしばらくの間、沈黙した。

欧州は治安が良く、生活水準も高いが、難民として生きるのは辛いものだ。「難民は社会に問題を持ち込む」という偏見の目をファイサルは感じるし、何かを所有している自分の居場所という気もしない。

「生まれ育った村に帰りたい、と時々思います。政治のことを考えず、生活の中心は自分だった、子ども時代を過ごした故郷です。人生で一番、幸せな時代でした」

今、それは叶わぬ夢だ。ファイサルは自分自身を救うためにも、虐殺の責任者を追い続けるつもりなのだ。皮肉にも、ジズレ事件に関係したといわれる国軍の司令官の一人が、二〇一六年七月のクーデター未遂の後、トルコを脱出し欧州に滞在しているという。

「より良い世界と民主主義のために戦う以外、道がないとも思う。弾圧に対して戦い続けるしか方法がないのです」

少なくとも、彼の口調には偽善や空虚な響きはなかった。

第二章　あれは息子の手よ

ジズレの入り口には、聞いていた通りに二重の検問が敷かれていた。まだ午前中なのに、気温は四十度を超えているだろう。炎天下でイスに座っていた兵士が難儀そうに立ち上がり、無表情で私たちの車に近寄ってきた。私が差し出したパスポートと取材許可証に兵士はさほど興味なさそうに目を落とし、すぐにセリムに車を出すよう合図した。セリムは数メートル先の検問所でまた停車したが、兵士は私たちの顔を眺めただけだった。

こうして私たちはジズレに入った。

「日が暮れる前にいったん、ホテルに行くからね」

ムスタファは何度か繰り返した注意事項をまた、私に言う。暗くなってから動くのは危険が増す。それに、私たちは南東部で取材できる許可証を持っているが、ジズレで人々に話を聞いていることが当局に知られれば、拘束される危険性がないとは言えない。ジズレから車で三十分ほどの所にあるホテルの部屋を、私たちは予約していた。当局から邪魔されなければ、そのホテルを拠点に数日間、行き来する予定だった。

広がる空き地

車は路地裏のようなやや狭い道をゆっくりと進む。家屋の多くはそれほど古くなく、この二十年の間に建てられたとみられる長方形のコンクリート製で、無秩序に並んでいる。無傷の建物は一つもない。兵士が気の向くまま発砲したような壁の銃痕、砲弾の直撃を受け二階に大きな穴が空いた壁。それでも、この地域は集中的に攻撃された場所ではなかったのだ。外出禁止令が解かれた後に、避難していた市民は自宅に戻り、変わり果てた家の姿に呆然とし、涙したという。兵士たちは屋内も荒らしていたが、それでも多くの市民が半壊した建物に住み続ける選択をせざるを得なかった。

警察の装甲車が市内を巡回し、睨みを利かせている。市民は、それに目を向けずに通りを歩いている。

「トルコは分割できない」

「背の高い男が望んだから我々はやった」

「せっかく来たのに、女がいない」

崩壊した家屋の壁に、治安部隊が残した黒い文字のメッセージある。背の高い男、とはエルドアン大統領を指しているのだろう。彼は背丈が百八十五センチあるのだ。

ジズレを横切るヌサイビン大通りをセリムはゆっくりと運転する。突然、道の脇に瓦礫が散乱する空き地が広がっているのが見えた。

「ここだ」

ムスタファの合図で、車は脇道に入った。

住宅街だったとみられる場所に突然ぽっかりと広大な空き地が広がっている。赤い絨毯の切れ端や、プラスチックの破片が埋まった大小のコンクリートの瓦礫が、灼熱の太陽に焼かれ、空気をたぎらせている。

ここに数百人が閉じ込められていた三つの地下室があったのだ。建物ごと跡形もない。

「第三地下室」がある建物が攻撃された後、トルコ治安部隊は三つの地下室やその周辺から主だった遺体を運び出した。外出禁止令が一部解除されると、毎日のように住民が訪れ、地下室で殺害された娘や息子、夫ら家族の痕跡を探していたという。崩壊、あるいは崩壊に近い状態だった建物も治安部隊は解体し、ブルドーザーで地下室を埋め、瓦礫を近くのチグリス川に投棄した。国際人権団体ヒューマン・ライツ・ウォッチは衛星写真を分析し、二月から六月までの間にジュディ、ヌル、スル地区の約九万五千平方メートルで建造物が取り壊され空き地になったと報告している。

この不自然な空き地に人の姿はなく、音もないのは、容赦なく照らす太陽のせいだろうか、ジズレ市民の心の内が映されているせいか。ここにはもう死臭もない。しかしわずか四カ月前の人々の懸命の叫びが消えてなくなるはずはないではないか。そう感じたのは地面が発する熱のせいだろうか。

母、エスメルを訪ねる

地下室から頻繁に携帯電話でテレビに出演し市民の救出を訴え続けたメフメット・トゥンチュは「第二地下室」で殺害され、弟のオルハンはそれから約二百メートル離れた「第三地下室」で射殺された。二つの地下室から数百メートルの所に住む二人の母、エスメルを訪ねた。

私たちが車を降りると、好奇心でいっぱいの目をした子どもたちの顔が家の中から現れた。通りに面する二階の一部には、砲弾による大きな穴が空いている。攻撃を母や幼い子どもたちは生き延びたのだ。

応対してくれた男性に、通りとは反対の部屋に通され、赤い絨毯の上に座っていると、エスメルが部屋に入って来た。息をするのも疲れるほどの蒸し暑さなのに、くるぶしまであるワンピースに分厚いたっぷりとした体を包み、白いスカーフで頭部をきっちりと覆っている。六人の娘、三人の息子を育て上げ、今でも子どもやその妻、孫たちの面倒をみている一族の長なのだ。突然の訪問にもかかわらず、「よく来たわね」と体中で笑うエスメルのがっしりした背中に手を回し、私は彼女と抱擁を交わした。

黒目がちの十代の少女が、三角形にスライスした赤いスイカをいっぱいに盛ったお皿を持って来てくれた。手を伸ばそうとする私を、横にいた高橋カメラマンが小さな声で制した。

「だめですよ、食べちゃ。彼らはラマダン中ですから。我々も我慢するんです」

叱られた子どものような気分になり、私は渋々、手を引っ込めた。

エスメルは私たちと向かい合い、床に座った。その横には、エスメルの三分の二ほどの体格の夫が、静かに座っている。子どもたちが、隣の部屋からのぞいて顔を見合わせてくすくす笑ったり、部屋の隅に座ったりしている。この子たちは、砲弾の轟音が絶え間なく町に響いていた日々をどう過ごしていたのだろうか。

母の話

二人の息子が地下室に閉じ込められ、そして残酷な形で国軍に殺された。母親にとってこれ以上の過酷な仕打ちはあるだろうか。トルコに住むクルド人として彼女が歩いて来た人生は、私の想像など及ばない道に違いない。メフメットの葬儀で嘆き悲しむエスメルの姿がインターネット上にはあるが、私の前ではびくともしない。息子さんたちの最後の日々を話してくれますか。おずおずと聞く私に、エスメルは気丈だった。

「息子たちは、けが人を救おうとしていたんです」

口を開こうとした夫を制して、エスメルは話し出す。夫は頷きながらもしゅんとして床に目を落とした。エスメルは構わず続ける。

「私たちがジズレに来たのは一九九三年。村で国軍とPKKの激しい戦闘があり、国軍に村から出て行かされたのです」

当時はジズレはまだ小さな町で、暮らしを立て直すのは容易ではなかった。エスメルと夫は、夏にはトルコ西部のマニサまで出掛けぶどう園で働いた。九人の子どもたちはジズレで仕事を見つけては働き、家計を助けた。ようやく建てた家で、メフメットの家族は一階に、次男ムラット、末息子オルハンの家族は二階に住んだ。それなりに幸せな日常があった。だから二〇一五年十二月に国軍や治安部隊がジズレの周囲に集結した時、「今度は家を守る」と一家はジズレを出ないと決めていた。

二〇一五年九月に最初の外出禁止令が出された時、警察が多数の若者たちを逮捕した。誰の発案だったか分からないが、市民や若者たちは通りの入り口に塹壕を掘った。

「あの子たちは軍と警察から自分たちを守ろうとしたと思う」

と、エスメルは言う。

市民の間には、噂もある。市民やクルド民兵と思われていた人たちの中に、実は当局に通じる仕事をしていた者がいるのではないか。彼らがジズレに塹壕を掘り、バリケードを作るよう誘導したのではないか。真相は分からない。分かっているのは、塹壕が当局が攻撃を仕掛ける理由となったことだ。

メフメットは、クルド系政党の人民民主党（ＨＡＤＥＰ）ジズレ支部長を二年勤めた。快活で人を引きつけ市民の尊敬を集める、よく知られた人だった。ところがその後、クルディスタン社会連合（ＫＣＫ）に関係したとして警察に拘束され、ようやく解放されたのは、五年後の二〇一五年四月だった。ジズレに外出禁止令が出る八カ月前のことである。

ジュディ区で爆発が起き負傷者が出ているという情報がメフメットに届いたのは、外出禁止令が施行されて三日後のことだった。けがをしているのは「人間の盾になる」と遠くからやってきた大学生たちで、メフメットは何人かを知ってもいた。学生たちは、激しい国軍の攻撃で逃げ場所を失っていたのだ。

「メフメットは、自分が助けに行かなきゃ、と感じたんだと思う」

出掛けて行ったメフメットとは、それきり連絡がつかなくなった。エスメルには息子がどこにいるのか分からなかった。年が明けた二〇一六年一月上旬、今度は末息子のオルハンが、

「メフメットが負傷しているらしい。行ってくる」

と出掛けてしまった。

トルコ軍兵士たちが家の前で砲撃したのはその頃である。一家が住む地域は、国軍と治安部隊が最も激しく攻撃した地区の外にあったが、ある日家の前に装甲車が来て攻撃したのだ。

エスメルたちは裏階段から逃げて助かったが、自宅は住めないほどに壊された。エスメルはメフメットの妻に七人の子どもたちを連れてジズレから逃げるように言い、オルハン

の身重の妻らを連れて近くの親戚の家に避難した。

一月二十一日、国会議員のファイサル・サルユルドゥズがエスメルを訪れた。ファイサルはその前日、スナイパーに撃たれて通りに放置された遺体を回収をするため、市民らとジュディ区に出掛け、現場付近にいたメフメットに会っていた。ファイサルは、メフメットと共に負傷者を連れて市役所への道を戻ったが、ヌサイビン大通りに差し掛かった所で兵士たちに銃撃された。約五十人のグループは散り散りに逃げ、最後尾にいたメフメットはこの時、ジュディ区に戻ってしまったと言う。

「どうして息子を連れて帰ってくれなかったの」

「すまない。できなかった」

ファイサルは詫びた。

メフメットの居場所は、テレビを通じて判明した。一月二十四日、クルド系TVメド・ヌーチェにメフメットが携帯電話で出演し、「負傷者は戦闘員ではない。ここには薬も水もない」と救出を訴えたからだった。

メフメットはこの日、深夜近くになってエスメルに電話をして来た。

「帰って来なさい。家族が泣いているのよ」

「母さん、どうして若者たちを見捨てられるんだ？　帰れないよ。大事なのは弟だけじゃない。ここにいるみんなが僕には重要なんだ」

弟のオルハンもエスメルに電話をして来た。足を負傷してしまい、メフメットとは別の地下室に逃げ込んでいると言う。

「けがは軽いから安心して」

と、オルハンは言った。

一人で白旗を掲げ歩く

エスメルは決意した。私が息子たちを救い出す。

白旗を掲げてエスメルは一人で通りに踏み出した。スナイパーが周囲にいることは分かっていた。射殺された人たちがいたことも、もちろん知っている。だがエスメルは進んだ。息子たちが閉じ込められているジュディ区の地下室まで数百メートル。通りに立つ警察官や屋根の上にいるスナイパーが目に入ったが、エスメルは歩みを止めない。スナイパーがじっと見ている。警察官が近寄って来た。「これ以上はだめだ」。エスメルは制止されて仕方なく、市役所へ向かった。

市役所には、娘や息子、夫らが地下室にいると訴える女たちが二十人ほど集まり、ファイサルの姿を見るたびに取り囲んでいた。

「何とかして助け出したい」

ファイサルは何度も繰り返した。だが、彼の言葉から希望の色が消えて行きつつあった。母たちは、地下室から子どもや夫を救い出すためなら何でもやる覚悟だった。

「迎えに来て」

地下室の息子から携帯電話でメッセージを受けた母親もいた。

私たちなら、子どもを救えるはずだ。十人の女性たちは白旗を掲げ、集団で地下室への道を歩いた。我が子から百メートルのところまでに迫った。

「迎えに来た。出て来て」

だが治安部隊に拘束されてしまった。

「私にも母がいる。これ以上のことはしたくないから戻れ」

警官が言ったという。女性たちはその後も、何度か接近を試みたが、いずれも治安部隊に止められた。

「みんなで通りに出て叫んだら、あの子たちを救えたかもしれない。でも、みんな怖がっていた」

とエスメルは言う。

「ファイサルはできる限りのことをしてくれた。彼に対して怒りはないの。人権協会に連絡したり、当局と掛け合ったり。けがをしたオルハンの救出を欧州人権裁判所に申請してくれて、裁判所は救出するよう命じたのに、政府は応じなかった」

メフメットは毎日のようにクルド系TVに電話で出演し救出を訴えている。

「これ以上、テレビで話さないで。もう十分よ。ターゲットにされてしまう」

メフメットがエスメルに電話をしてきた時に、そう懇願したが、息子は受け入れなかった。

「僕が話さないで、誰が話すと言うんだ?」

弟のオルハンは、何度も母と妻のギュレルに電話をし、もうすぐ生まれてくる子どものことを話した。

「息子の名前はベケシュ（孤児）にしてくれ。ここから誰も生きて出られないと思う」

「待っていなさい。そこから離れてはだめ。待っていなさい」

エスメルはそう言うことしかできなかった。

「もし、知らずに君を傷つけたり過ちを犯すことがあったとしたら、僕を許してほしい」

オルハンからギュレルへの最後の言葉だった。

葬儀には来ないでくれ

「今日が地下室最後の日だと思う」

二月七日。メフメットのこの言葉をテレビから聞いたのか、それとも本人からの電話で聞いたのか、エスメルの記憶は定かではない。ただ息子が死を覚悟していたことは分かった。

「もし我々が殺害されたら、沈黙していた者は葬儀に来させてはならない」

これがメフメットが最後に家族に言った言葉となった。

間もなく、大爆発が夜のジズレを揺るがした。エスメルがいた家も震え、振動は体にも伝わった。

翌八日、エスメルは市役所に出向き、ファイサルを探した。他の女性たちも集まって来た。みんな居ても立ってもいられなかった。

「何があったのでしょう。メフメットはどうなったのでしょうか」

「正確な情報がまだないのです。テレビはテロリスト六十三人を殺害した、政府側は十人が死亡したと報道しているんですが、嘘ばかりです」

ファイサルは憤っていた。シュルナック県知事がファイサルに電話してきた。救急車を送って地下室をきれいにしよう、と知事は言ったという。実際、何台もの救急車や遺体搬送車が現場に送られた。

エスメルは一縷の望みを捨てなかった。メフメットからの連絡はなかったが、どうにか、逃げたのではないか。息子なら逃げおおせた可能性は高い。

九日夕、市の遺体搬送車の運転手が市役所に来た。ファイサルと話す言葉が聞こえた。

「何人を回収した？」

「分からない。三十七袋だと聞いた」

運転手たちは地下室に行くことは許可されず、通りに置かれた遺体袋を車に積んで運ぶよう指示されたようだった。運転手は、こっそり袋の中の遺体を携帯電話で撮影していて、写真の一枚をファイサルに見せた。彼の顔色が変わった。服を着ていない女性の遺体だったらしい。

エスメルは運転手に近づいた。

「メフメットについて何か情報を聞いていない？」

運転手はエスメルに目を向け、一言だけ言った。

「地下室にメフメットがいなかったことを願っている」

メフメットは遺体で見つかっていないようだ。もしかしたら助かったのかもしれない。

エスメルは彼の言葉を聞いて希望を抱いた。

十日午後、三つ目の地下室から、ＨＤＰ元支部長のデリヤ・コチュがファイサルに電話をし、負傷している十二人の市民を搬送するために救急車を送って欲しいと要請した。十二人のリストの中にオルハンの名前があった。

オルハンは生きていた。夜になってエスメルの携帯に電話して来たのだ。

「八時に病院に来てくれないか。僕たちもそこにいるはずだから」

そこから出してやる、と誰かが言ったとオルハンは伝えた。病院に来るということは、救急車で搬送されるということだ。オルハンは助かるのだ。臨月のオルハンの妻が出血したということにして、エスメルは二人で病院に向かった。朝まで病院で待ったが、負傷者は一人も搬送されず、オルハンは現れなかった。

エスメルは翌朝市役所に行き、ファイサルを探した。

「みんな大丈夫だ」

「昨日は夜遅かったから、今日、連れ出す予定です」

ファイサルと市役所職員が、政府側と話がついたのだと言った。

二人が偽りの情報を口にするはずはなかった。だがエスメルは胸の中に泡立つ不安を抑えることができないでいた。市役所を出てオルハンがいる地下室の方向へ歩き始めた。母である自分なら地下室から息子を連れ出せると思った。しかしオルハンがいる建物のずっと手前で、警察官が行手を遮った。

「今、作戦が行われている。危険だ」

オルハンと地下室の人々は処刑された。この時にエスメルは全てを理解した。

オルハンの妻ギュレルが男の子を出産したのはその翌日だった。

あの手は息子のもの

それから三週間ほど過ぎた三月一日。エスメルは息子たちの遺骨を受け取った。場所は、ジズレから約四十キロ離れたシリア国境の町シロピの国立病院である。「ＤＮＡ鑑定で確認された」という肉片が入った袋が渡された。

「メフメットは、百二十キロもある巨体だった。それなのに引き出しの中に入っていた袋は、十キロぐらいの重さだったの。中にあったのは焼けこげた手と体の一部だけだった。でもメフメットだって、私にはすぐに分かった。話をする時に、癖でよくしていた手の形だったもの」

オルハンは胴体が残っており、検視報告書には、三十三の弾痕がある、と書かれていた。

エスメルは、遺体を受け取ったその日に二人の息子のために葬儀を行った。ジズレの外出禁止令は解除されていなかったので、遺体は数十キロ離れたシルナクに運ばれた。クルド旗に使われる赤、緑、黄の布にくるまれた二人の棺が数千人に囲まれながらナラロ墓地へと進んで行く映像がインターネット上にある。

参列者は、メフメットが地下室から最後に叫んだ言葉を唱和しながら歩いている。頭に三色の布を巻いたエスメルは息子たちの二つの棺に手を掛け離れることがなかった。メフメットは四十八歳、オルハンは二十歳だった。

「我々は跪かない」

外出禁止令は葬儀の翌日の三月二日に一部解除され、エスメルは娘たちと三つの地下室を順番に訪れた。最初に攻撃された地下室とメフメットが殺害された二番目の地下室は、瓦礫と化していた。手や腕の一部、人間のものと分かる黒こげの骨が、コンクリートの破片の間に残っていた。

三つ目の地下室は、上部が破壊されていたが、建物が姿をとどめていた。オルハンが殺害された場所である。そこには多くの大学生たちがいたとみられている。

空き地には毎日、女性たちが訪れ、自分の子どもたちや夫らの痕跡を探していた。当局がいつ、虐殺の現場を跡形もなく埋めてしまうかも分からない。エスメルも、粉々になったコンクリートや曲がった鉄枠の間に埋まっていたセーターやスカート、靴下を拾い出し、保管した。ゲリラやテロリストがスカートを穿くはずないではないか、とエスメルは言う。

「治安当局は、メフメットが生きているんじゃないかと、町中を探し回っていたのよ」

三つの地下室への攻撃が終わった後、警察官が来て「メフメットはどこにいる」と聞いたと言う。

「あなたたちが私の息子を殺した。なぜ、私に聞くの」

エスメルは言い返した。

高橋カメラマンがエスメルに、写真撮影に協力してくれないかと頼んだ。太陽はまだ高く、めまいがするほど暑い。だがエスメルは、

「大丈夫、行きましょう。息子たちのためにも」

と引き受けてくれた。

瓦礫に太陽の熱がこもり、空気は煮えたぎるようだ。そんな暑さをものともせず、スカーフできっちり頭を覆い、くるぶしまでのスカートをまとったエスメルはがっしりと立ち、息子たちが閉じ込められていた大地を見つめていた。

私たちは翌日も、一家を訪れた。メフメットの十代の娘が、私の左手首にミサンガを結び、大きな瞳で微笑んだ。

「幸運でありますように。切れるまでずっとしていてね」

父の黒こげの手を埋葬した彼女は今、人生で最も辛い時期にいるはずだ。クルド人として生きるこれから先の人生も平坦ではないことを彼女は知っている。そんな少女が私の幸運を祈ってくれていた。私は彼女の背中をしっかりと抱き、別れを言った。

女たちの歌

また、市民を焼いたのだ。

ああ、私も死んでしまいたい。

愛される人々の魂を、心から引き離せられるものか。

愛する人たちの魂を、ビニール袋に入れたのだ。

ああ、盲目になりたい。

神様、私はもう死んだのです。けがを負った者、死者たち、刑務所にいる者たち、家をなくした者たち、茫然自失の者たちのために。

(破壊された)家は何の役に立つというのだろう。もう何もない。何も残っていない。


瓦礫の中で、女性がむせぶように歌っている。その映像は、地元テレビ局のツイッターで広がった。その女性、マグブレが身を寄せていたアパートの一室を訪ねた。

ムスタファが明かりのない踊り場に面した扉の脇にある呼び鈴を鳴らすと、薄く開いた玄関のドアから女性が顔を覗かせた。

「マグブレさんですか？　ツイッターで流れているあの歌を歌っていた方ですね。歌について教えて欲しいのです」

そうムスタファが言うと、マグブレは微笑んで大きくドアを開け、入るように言った。絨毯が敷き詰められた八畳ほどの部屋に通され座っていると、マグブレはお茶とカップを載せたお盆を持ってやって来た。アパートは娘のもので、働きに出ている間、孫の面倒をみていると言う。

「もともと住んでいた家は、あの地下室のすぐ側にあったの。外出禁止令が出た直後に警察が来て息子を連れて行ってしまった。今、刑務所にいるのよ」

おそらく、ＰＫＫに関連した容疑だろう、とムスタファが解説する。

外出禁止令が施行されて二十五日が過ぎた所で砲撃が激しくなり、マグブレは娘のアパートに避難した。しかし近くの建物が破壊されてそこも怖くなってしまい、アパートの部屋に鍵をかけてから娘の家族とジズレを脱出し親戚の所に身を寄せていたと言う。それから十日ほど経って、「あなたの家が倒壊したよ」と誰かから教えられた。

外出禁止令が一部解除された三月二日、ジズレに帰って来た。家族と暮らした自宅は崩壊していた。自宅だけではない。地区全体が崩壊していた。

多くの市民が変わり果てた「我が家」について語っている。

「ジズレに帰って良い」と当局は言ったが、帰宅してみて呆然とした。砲弾や銃弾で壁が崩れ、住居内がめちゃめちゃに荒らされていた。タンスが開けられ、女性の下着や避妊具が散らばり、冷蔵庫やテレビなど電化製品は持ち去られていた。ベッドの上には人糞があった。外壁には、黒や赤のスプレーで様々な侮辱的な言葉が大書されていた。

「トルコは分割できない」

「かわい子ちゃん、俺たちが来てやったのにいなかったな」

徹底的に破壊した上で、侮辱し踏みつける。武力で勝る者がよく使う手である。

スカートを見つけた時

崩壊したマグブレの住宅の前に広がる、瓦礫となった家屋の跡では、たくさんの人が家族の痕跡を探していた。

マグブレも、瓦礫の中を歩き、多数の若者が殺された地下室にも下りた。スカート、血がついた男もののシャツ。指輪や靴。それを拾い上げながら、口をついて出たのがあの歌だった。

「喜びも悲しみも歌にする。私たちの伝統なの。私よりうまく歌える人はたくさんいるんだけれど」

喜びよりも悲しみが多かった、とマグブレは言う。愛する夫を警察官に殺害された。家を破壊され、義理の兄弟も殺された。息子は刑務所にいる。家族は今、バラバラだ。

「もう苦しみは十分でしょう?」

とマグブレは私に聞く。

「私たちはなんて惨めなのか。でも人間なのよ。あの人たちも人間なら、人の痛みを感じるはずでしょう。私たちはただ、トルコ人と平等の権利と平和を望んでいただけ。トルコ人とクルド人は一緒に暮らせるはずなのに」

マグブレは額に入った夫の肖像写真を胸に抱くようにして持って来て見せてくれた。口髭を生やした精悍な男である。あなたが歌っていた場所に、一緒に行ってくれませんか、と私は尋ねた。

マグブレは承諾してくれ、

「遠くないから歩いて行こう」

と言う。黒いベールで頭と体を覆い外出の準備をしてから、アパートの階段を下りて通りに出ると、マグブレは私の右手を取って商店が並ぶ通りをずんずん歩き出した。思いのほか人通りが多く、道行く人たちは、ちらりと私の顔に目を走らせる。

「止まれ」

マイクを通した声が響き振り返ると、アンテナを何本も立てた装甲車から大きな男が降りてくる所だった。マグブレは私に目配せをしてからさっと二メートルほど離れた。男は身分証明書を要求し、私は素直にパスポートと取材許可証を差し出した。ムスタファが何かを懸命に説明し、男は自分の部下にどこかに電話させている。しばらくすると、男は何かを喚きながら、私をちらりと見るとパスポートを突き返した。歩道を歩いている人たちは、止まらずにこの騒動を横目で確認しているようだった。

何がどうなったか分からないが、男たちは「早く帰るように」と言ってから、また装甲車に飛び乗り、去って行った。マグブレはまた、私の側に寄ってきて私の手を取り歩き出した。

地下室があった現場は、マグブレの言う通り、そこから十分も歩かなかった。マグブレは灰色の瓦礫の中を歩きながら、また歌を歌っている。太陽が落ちかけ、はしゃぎながら駆け回る子どもたちがだんだん黒い影になっていく。

私は、半壊した自宅を見に来た男性の側を離れない四歳の息子を思い出していた。男の子には全く表情がなかった。「子どもが夜、眠れなくなった」「しょっちゅう泣くようになった」と幼い子どもを持つ親は大抵そう言った。瓦礫の空き地の風景は、走り回る子どもたちの脳裏にどんな記憶として残るのだろう。

高橋カメラマンはマグブレを撮影している。まだ熱い大小のコンクリート片の隙間に、絨毯の切れ端やプラスチック容器の一部が埋まっている。地下室も遺体も死臭もないが、叫びもここに埋まっている。この地を忘れないように、私は携帯電話を掲げて右から左へとゆっくり撮影した。

「簡単に人を撃てる奴らだ」

その時である。空き地の向こう側、数百メートル離れた右手奥の建物の陰から白い大型の車が現れた。遠目に見ても、そのいかつさから警察の装甲車だと分かった。車はまだ遠くにいて小さく見え、私たちに気づいていないかもしれない。こっちに来ませんように。私は携帯電話を掲げていた手を下ろし、半ば祈るような気持ちで車の動きを見つめた。しかし、威圧感のある車はあっという間にこちらに近づいて来た。私は素早く空き地の映像を削除し、携帯電話をバックパックの中に放り込んだ。

白い車体に青で「ＰＯＬＩＳ」と書かれた車が私とムスタファの後ろで止まった。

「こんな所で何をしているんだ」

警察の制服を着た男と、ライフル銃を片手に持った私服の三人の男が飛び降りて来た。観光をしている、と言うべきだろうか。咄嗟に頭の中で言い訳がいくつか浮かんだ。

「私、トーキョーから来たんですけれど、ちょっとジズレに寄ってみたんです。ここではいったい、何があったんですか？」

私は、銃を持っていない制服の男に聞いた。

「ここは、爆発物が埋まっていて危険なんだ。だから、我々がこうしてパトロールしている。ここから立ち去りなさい」

彼はリーダーに違いない。

「身分証明書と取材許可証を出して」

ムスタファが小声で言う。受け取ったライフル銃の一人は車の方に行き、携帯電話で誰かと大声で話をしている。これまでにも何回か警察に止められたが、切り抜けてきた。だが今度という今度は運がないかもしれない。私はもう少し取材が必要で、追い出されたり拘束されたりしたくはないのだ。インタビューの録音を削除させられることになれば、それこそ困ったことになる。

よくよく見てみればライフル銃の男たちの目は鋭いままだが、制服の男にはどこか柔らかさがあり、話ができそうだった。警戒心を解けば何とかなるかもしれない。

「あなたはクルド人？　ジズレ出身？」

「トルコ人。皆遠くからから派遣されてきたんだ」

制服の男は、エーゲ海沿いの町の名前を言った。

「家族と来ているの？」

「いいや、家族はあの町に住んでいる」

「それじゃ寂しいでしょう、ハンサムな人なのに。今日、ご飯を食べた後に宿舎を見に行ってもいい？」

こんな言葉をムスタファはどう通訳しているのだろうか。制服の男とライフルの男たちは、顔を見合わせてちょっと照れたように笑っている。彼らの表情を見ながら、私はもう一度、心の中で幸運を祈った。何とかなるかもしれない。

「捕まえたよぉ」

その時、子どもたちが高橋カメラマンを取り囲み、大騒ぎをしながらやって来た。高橋カメラマンは警察車両が見えた時に崩壊した建物の陰に行き、カメラのＳＤカードを取り出して靴の中に隠し、別のＳＤカードをカメラに入れたそうだ。そこに子どもたちがやって来た。子どもたちは鬼ごっこでもしているように笑っている。

「もう少しだけ、撮影させてもらえませんか。あまり時間は取りません」

高橋カメラマンは笑顔で制服の男に言った。このいたずら小僧たち、余計なことを。私は舌打ちをしたが、驚いたことに制服の警察官は「もう少しだけだ」と許可した。理由は分からないが、私たちは拘束から逃れられそうだ。

ふと見ると、マグブレが警察官ににじり寄っている。砂のように細かいコンクリートの瓦礫を握りしめた右手を突き出し、クルド語で言った。

「あなた方が家と町を破壊しても、この土は私たちのもの。クルド人は消せない」

制服の男と三人のライフルの男は気まずそうにマグブレを見つめた。彼らはクルド語を理解できなかった。

あの女は

「いやあ、運がよかった。あの男たちは平気で人を撃てるタイプだ。目で分かる」

高橋カメラマンの撮影が終わるのを待ってから、少し離れた脇道で私たちを待ってくれていたセリムの車に乗り込むと、ムスタファが安堵のため息をついた。鋭い目とはにかんだような笑みの両方を見せた。ライフルの三人は地下室の攻撃に参加したのだろうか。

マグブレを娘の家に送り届けるために、来た道を今度は車で引き返し、アパートの近くで降りた。

「今日はどうもありがとう」

アパートに入る一階のドアの所でマグブレに礼を言った。すると、通りすがりの男が蔑んだような目つきで、吐き捨てるように何か言った。

「彼は何て言ったの?」

「この女は、警察から金をもらっている、ってさ」

ムスタファが教えてくれた。マグブレは半泣きになった。

「私には家もない、収入もない。毎日、誰かに物乞いをしなければいけないの。私にどうしろと言うの」

残酷な話だった。精神的に踏みつけにした後、トルコ警察はわずかな報酬をチラつかせ、市民の動きなどについて情報提供するように彼女に持ちかけているのだろう。刑務所にいる息子の釈放を言われているのかもしれない。警察に弱点を見抜かれ利用されているのは彼女だけではないだろう。

あたりは暗くなりつつあった。早くホテルに戻ろう、とセリムは焦っていた。

あの子たちをひとりぼっちにしなかった

「メソポタミア遺族相互支援連帯協会」のジズレ共同会長メレ・カスム・イーイットは、警察の脅迫を受けながらも百五十遺体を清めた。コーランは、遺体の清め方を細かく規定している。地下室から運び込まれた遺体は大半が黒こげで、判別できないものが多かったが、彼は一人一人を清めた。力の誇示が狂気にまで走っても、死者と自分自身の「人間の尊厳」を守り通そうとする人たちがいる。静かな言葉の中の並外れた意志に胸を突かれた。以下は、ＨＤＰの報告書に記録された彼の証言である。

ジズレから近郊の町、シュルナックとシロピ（いずれもジズレから約四十キロの町）に搬送された遺体を洗う業務を、ボランティアで担当しました。

今回起きたことに比べると、（国軍とＰＫＫの間で激しい戦闘が起き、多数の市民が犠牲になった）一九九〇年代なんて夢のようです。あの頃人々は殺害され捨てられていましたが、それは秘密裏に行われていました。今回は、世界の目の前で起きたのです。あの時代、女性たちが裸にされたり、何百人もの子どもたちの体がバラバラにされたりはしなかった。この残虐さは九〇年代よりも重い経験です。

シュルナックとシロピで、全ての遺体を引き取りました。救急車から遺体を受け取る時、トルコ人警察官が「もっと抵抗してみろ。みんな最後はこうなるんだぞ」と脅すのです。私たちを誹謗中傷し銃口を向けながら、言うのです。そんな状況でも、私たちはあの子たちをひとりぼっちにしませんでした。一人一人の体を清めました。そうすることで、あの子たちの死は私の中で別の死になっていったのです。

百五十遺体を引き取り、私の手で洗いました。焼けた遺体の頭が犬に食いちぎられたものもありました。メフメット・ハジュ・トングットの遺体は何日も道端に放置されていましたから、犬がバラバラにしてしまったのです。

二人は、体の半分しか見つけることができませんでした。別の二人は、頭蓋骨まで骨が溶け、灰となっていました。一人の女性は目を撃ち抜かれていました。斬首された遺体もありました。頭は見つかっていませんが、身体はきれいなものでした。身元はいまだに判明していません。

遺体の状態を見て、夜も眠れなくなり精神を病んでしまった者がいます。私は宗教的な業務を遂行することができましたが、一度もゆっくりと眠ったことはありません。目を閉じるたびに、焼かれた体や斬首された身体、手や腕のない体が瞼に浮かんでくるのです。八十二日間、そんな状態でした。

シロピで見た光景も信じられませんでした。検問所の遺体安置所では、遺体が山のように積み上げられていたのです。人としての道徳をもはや失っているとしか思えませんでした。二回ほど検事を訪ね、「遺体をこんな状況に置いておくべきではない。宗教的業務を遂行し、遺体を埋葬しましょう」と言ったのですが、聞き入れられませんでした。

私たちは二十人で、埋葬のため遺体を搬送しましたが、百五十人ほどの警察官と、特別機動戦車や装甲車が私たちを囲んでいました。こんなことを受け入れる人は、イスラム教徒であることも、道徳心を持った人間であることも疑わしいと思います。人間は、これほどの弾圧下に置かれるべきではありません。

トルコの治安当局は、焼いたり切り刻んだりした遺体を意図的に遺族や市民に見せたのではないかと思う。それでも徹底的に、人々の心を押しつぶすことはできなかった。息子の遺体を探しに行き、部屋の床いっぱいに置かれた遺体を見たある母親は「怖くなかった。あの子たちは皆、私たちの子どもなのだから」と語っている。

第三章
仲間たちは生きながら焼かれた

「第三地下室」と呼ばれる建物では、トルコ軍兵士たちが負傷者二十五人にガソリンを掛けて火を放ち、その後、建物を総攻撃してＨＤＰの元支部長の女性を含む約二十人を殺害した。この虐殺を奇跡的に生き残った若者たちがいた。

公に出ている二人は女性はファトマ、男性はセルヒダン（仮名）という。いずれも二十代で、「人間の盾になる」と外出禁止令が施行される直前に仲間たちとジズレ入りした大学生らだ。二人は、ＨＤＰの調査で証言をし、セルヒダンは地元紙エヴレンセルのインタビューにも応え、その体験は「ジズレの処刑　目撃者語る「非武装の人たちが銃撃された」」という見出しの記事で掲載された。

ファトマとセルヒダンはトルコを脱出し、二〇二〇年現在、セルヒダンの所在は不明だが、ファトマは中東のある国で暮らしている。二〇一八年にパリで開かれたジズレ事件についての恒久民衆法廷（Permanent Peoples' Tribunal）で、ファトマはインターネットのビデオ通話を通じてクルド語で証言した。濃い色の髪を後ろで束ね、黒の半袖の開襟シャツを着た彼女には、人の心に迫ってくる力があった。HDP報告書にあるファトマの証言も読む者に深い印象を残した。読み進めるのが困難なほどの凄惨な死の現場に居合わせているにもかかわらず冷静な目と論理的思考を失わない、成熟した人物であることが窺えた。

「私にもジズレでの経験を話してくれないだろうか」

知り合いを通して打診すると、ファトマは快諾してくれ、私の質問への答えを織り込む形で改めて証言を音声で録音してくれた。生き残った者として伝えなければならない。地獄の経験が、彼女の中にあった強い意志を鋼のように鍛え上げているのだろう。以下は、ファトマの証言である。

アイデンティティが芽生えた時

私は一九九六年、トルコ南東部マルディン郊外の村で生まれました。村は国軍により焼かれ、私の家族は他の地域に移らなければなりませんでした。三、四年後に村に帰ろうとしたのですが、当局は帰るのならば「村落防衛隊」（国が村民に武器を渡しPKKと対抗させる制度）に入るのが条件だと言うので、村人も私の家族も同意したのです。父と兄が防衛隊員になりました。こんな環境で育ったので、私はクルド人ゲリラが平和を破壊し戦争を起こしているのだと思っていました。将来は公務員になって、主権を持つトルコ人のように生きたい。そう思い、南西部のムーラ県にある大学に入学しました。

クルド人としてのアイデンティティが芽生え始めたのは大学時代でした。大学に入る前の私は過ちに満ちていたことに気づいたのです。以前の私はクルド人の戦いに意味を見い出せなかったのです。

クラスではクルド人は私一人で、私がマルディン（クルド人居住地域の町）出身だと言うと、みんなが変な目を向けました。トルコ民族主義のファシストたちが私に圧力を掛け始め、私はクルド人学生たちがいる場所に行くようになり、シェルザン・クルト協会のメンバーになりました。シェルザン・クルトは同じ大学の学生で、二〇一一年にファシストに刺殺されたクルド人です。私たちは集まることでファシストの圧力から自分たちを守ることができたのです。

間もなく、私の中で真剣な問いが生まれました。クルド人とは誰か。どんな歴史があるのか。なぜ戦っているのか。北クルディスタンではなぜ戦争があるのか。こうしたことを調べたり、大学で、クルド市民の指導者アブドゥッラー・オジャランの思想論や政治哲学の提言を読んだりするにつれ、多くのことを明確に理解するようになりました。トルコ政府がクルド人の真実をどれほど歪めて広めてきたか、それが私たちにどれほど影響を与えてきたかを知り、オジャランを自分に近い存在だと感じ、彼が二十年以上も囚われの身であることを不当だと感じました。私の人生は新しい意識の芽生えによって変わり、「社会的な個人」になっていったのです。私もクルド人の戦いに参加するべきだ。そう思うようになり、大学は大切な場所ではなくなっていきました。

二〇一五年十二月、ディヤルバクル（南東部の都市）で「デムゲンチ（民主青年協会連盟）」の大会が行われることになりました。私は参加して、クルディスタン（ここではトルコ南東地域を指す）に戻りたいと思いました。ところが大会を前にして、ディヤルバクル弁護士会会長、タヒル・エリチ弁護士が殺害される事件が起きました。弁護士会会長でさえクルド人のアイデンティティを守ろうとすれば殺害されてしまう、ということを示した事件でした。

ちょうど、ジズレやヌサイビンなど南東部のクルド人都市で、市民が政府の弾圧に対抗していた頃でもありました。政府軍がクルド人の都市に介入して逮捕や殺害を実行しないように、バリケードを設置していたのです。数カ月前にジズレで外出禁止令が施行された時、期間中に多数の市民が治安当局に殺害されました。しかし外出禁止令で埋葬もままならず、殺害された娘の遺体を自宅の冷蔵庫で保管するしかなかった母親もいました。こんなことが起きているのに、傍観しているだけなのか。ジズレに行きたい、と思いました。

民主青年協会連盟の大会はタヒル・エリチの死で一週間遅れて開催され、ヌサイビン、ジズレ、スラの各都市で住民を支援することが決まりました。私はジズレを選んで仲間たちと五十人で向かったのです。

市民は怒っていた

ジズレの入口で兵士が私たちのバスを止めました。荷物の一つ一つを調べた後、「町にバスで入ることはできない」と言い渡しました。私たちはバスを降り歩いて町に入りましたが、私は喜びで一杯でした。ジズレに行くという私の夢が叶ったのです。

町中の壁には、前回の外出禁止令で殺害された人たちの写真が掲げられていました。ショックだったのは、子どもたちが遊んでいたゲームでした。子どもたちは「市民」と「兵士」の二つに分かれ、兵士役は木製のおもちゃの銃を抱えています。

「兵士が来たぞ、戦車が来たぞ、隠れろー」

子どもたちは戦闘の中で育ったために、遊びでさえ戦争に関係しているのだと気づき、私の中で怒りが大きくなるのを感じました。

到着した夜、外出禁止令が始まりました。二〇一五年十二月十四日二十三時ちょうどに、外出禁止令がモスク（イスラム寺院）の拡声器から発表されました。一万人の特殊部隊と警察官、数百もの戦車や装甲車がジズレを包囲し、封鎖していました。

市民と若者たちは、大通りにつながる細い通りの入口にバリケードを設置していました。バリケードの一つ一つに政府に殺害された人たちの名前がつけられ、若者が見張りをしていて、武装した者も非武装の者もいました。私が見張りをした場所の名前は「殉職者ディルビリン」。九月の外出禁止令でなくなった若者です。

あの地域では、四十年近く戦争があったため、多くの家に個人用武器がありました。それぞれのバリケードにはせいぜいカラシニコフが二丁ある程度で、向かってくるトルコ軍の戦車や巨大な装甲車を小さな武器で止めることなどできないことは、分かっていました。だけど私たちは、弾圧や搾取に服従しないと示したかったのです。

市民は意気軒昂で、強い連帯の意識がありました。私たちをとてもあたたかく受け入れてくれ、毎日、食事を提供してくれました。私たちは政府の弾圧に対して住民たちを守るためにジズレに来た大学で学ぶ若者たちだと、市民は知っていたのです。

トルコ軍と治安部隊はまず、生活に必要なものをターゲットにしました。各家屋の屋根に設置されている給水タンクを銃撃して破壊し、電気と水道も止めました。それでも最初の頃は、市民は誰もジズレにある自宅から出て行こうとはしませんでした。市民は政府に怒っていたのです。政府は和平プロセスを破り、またもや戦争を始めたがっている。クルド人の都市を崩壊させ、クルドの子どもたちを殺そうとしている。人々はそう口にしていました。

毎日のように、市民の誰かが銃撃で死亡したり負傷したりしていたにもかかわらず、人々は政府の攻撃に抗議し続けたのです。通りでデモをし、鍋やスプーンをカンカンと打ち鳴らして抗議の声を上げていました。

私は彼らの行動に感化され、人々のあたたかさに精神的に支えられていました。あんな風に連帯を感じる環境にいたのは、人生で初めてのことでした。私も、一緒に来た学生たちも、ジズレに残り市民と一緒に戦うと心に決めました。

四十日を過ぎて

最初の四十日間、ジズレは組織的に爆撃され、死傷者が連日、出ていました。ジズレには十万人以上が住んでおり、政府は全員を殺害するわけにはいかなかったので、一部を町から出て行かせ、抵抗するために残った人たちを恐ろしい形で殺害しようとしていたと思います。実際に、それが実行されました。

四十日を過ぎると、戦車が家屋を破壊しながら私たちがいる地区の内部に進軍し始めました。目の前に現れた建物を爆撃し、崩壊させ、その上を通過して進んできました。殺害された仲間の遺体の上も通り、バラバラに潰して行くのです。水も食料も底をついてきていました。毎日のように死んでいく子どもやお年寄りがおり、負傷者を病院にも連れて行けなくなると、人々は徐々に町を離れ始めました。それでも私たち学生と、ジズレの若者たちは大部分が（バリケードがある）地区に残っていました。

攻撃がひどくなるにつれ、通りにいることは不可能になりました。頭上にはトルコ軍の無人飛行機が夜も昼も稼働して地上の映像を撮影しており、生きている人を見つけると、すぐさま砲弾が攻撃してくるのです。私たちは建物の地下室に避難し、軍が接近してくると、他の建物の地下室に逃げました。一九九〇年代に建てられた家屋のほとんどには、政府の攻撃からの避難所として地下室が作られていたのです。

四十五日を越えた頃、「第三地下室」として知られる場所に避難しました。仲間たちは携帯電話で外部に状況を懸命に伝えていました。通りで負傷し運び込まれた人の数は二十五人以上になっていました。中には重傷者もいましたが、負傷者の手当てをする情報もなければ、技術や道具もありませんでした。

仲間の一人が国会議員に携帯電話で連絡し、状況を知らせました。腕がちぎれたり、目が見えなくなったり、腸が飛び出ている重傷者も少なくない。私たちは大半が非武装の学生や一般市民で、全員が安全に避難したいと希望している。負傷者を病院に搬送して欲しい。

しかし、救急車の代わりに装甲車が来て、激しい攻撃を加えるのです。「銃撃戦が続いているから救急車は派遣できない」と政府は言っていましたが、武器を持っていた者はほとんどが殺されていましたから、交戦は起きていなかったのです。

本当に私たちを残虐に殺すつもりだ。ここで私たちは確信するに至りました。この十年、ジズレはある意味で政府に抵抗している地域の中心地だったので、政府は恐ろしい殺戮で私たちを排除し、他の町で自衛の抵抗をしている人たちへの見せしめにしようとしていたのです。

地下室には水も食糧も、負傷者を応急処置できる手段もなく、通りで銃撃され殺された仲間の遺体も回収することができません。こんな状況が次第に、心理的にもマイナスの影響をもたらすようになっていましたが、ここで起きていることに私たちは意味を見出そうとしていました。そうすれば、困難に何とか耐えることができたのです。

私たちが閉じ込められている五階建ての建物は完全に包囲されていました。トルコ軍兵士たちは愛国的な音楽をかけ、「投降せよ」という声も聞こえてきます。激しい攻撃は続いており、彼らが私たちを病院に連れて行こうなどとは考えていないことが分かりました。私たちにあったのはチンキ剤が一瓶と包帯が少し。包帯が無くなったら、衣服や枕カバーを代わりに使いました。政府への怒りは膨れ上がっていました。

絶え間ない攻撃で、埃と煙、火薬の臭いが充満していて、喉も埃でいっぱいでした。一滴の水にどれほど焦がれたことでしょう。それでも私たちの間には信じられないほどの連帯感があったのです。私は負傷している仲間の世話をし、元気付けました。みんなの飢えと渇きはひどく、食糧や水を見つけるため隣のアパートにも行きました。そこも激しく攻撃されており、食べ物を探しに行った仲間二人が殺されてしまいました。何とか台所でペクメズ（ブドウシロップ）の缶を見つけて、けがに苦しむ仲間にスプーンで口に含ませました。

一人が（スマートフォンではない）携帯電話を持っていたのですが、バッテリーが切れかけていました。それを乾電池を使って充電し、家族を含め連絡できるところには全て電話をかけました。HDP副代表イドリス・バルケンにも電話しました。バルケン議員は「政府と話し合った。救急車を送って私たちを連れ出すために救急車を送る」と言ったのです。この時に、別の二つの地下室に閉じ込められた仲間たちが、集団で殺害されたことも知りました。私たちも生きたまま出られないかもしれない。そんな思いが広がりました。

これは現実じゃない

二〇一六年二月十日は、私にはとても重要な日です。午前八時、一台のトルコ軍戦車が近づいてきました。砲撃で、辺りは埃と煙に包まれ周囲が見えなくなりました。私はパニックに陥り右に左に走り回り、階段を駆け上りましたが、そこにもいられず、また階段を下りて地下室に戻ってしまっていました。ふと砲撃が止み、一瞬の静寂がありました。人の声がして、砲撃で空いた穴から液体が入ったペットボトルが投げ入れられました。みんな喉から手が出るほど水が欲しかった時でした。トルコ兵が私たちに水をくれることなんてあるはずありませんが、あの瞬間、ペットボトルの中身は水だと思ったのです。直後に火が投げ入れられ、部屋に火が燃え広がりました。液体はガソリンだったのです。私は階段を駆け上りました。重傷のけがで動けない仲間たちは、悲鳴を上げながら燃えていました。助けを求めている市民が生きながら燃やされているのです。私たちにはなす術もありませんでした。

これは現実じゃない、悪い夢を見ているんだ。現実の世界で、こんなことが起こるはずがない。

上の階に逃れた私たちは、外部の人やテレビ局に電話を掛けました。私たちの叫びを聞いて欲しい。人間が生きたまま焼かれている。二十五人が燃やされたんです。外に連れ出してもらえないと、私たちも焼かれてしまうでしょう。

その時、催涙ガスのにおいがしてきました。喉はすでに渇ききっていて、燃えた人間のにおいが辺りを覆い始めてもいました。トルコ軍兵士たちの目的は、まだ生きている人間がいるのなら咳をするだろう、咳で居場所が分かればそいつらも生かしてはおかない、ということだったのでしょう。

「咳をしないで。僕たちが生きていることを知られないように」

ブルスクという十四歳の地元の子がそばで言いました。

しばらくすると、ブルスクが携帯電話で家族と話したい、と言いました。

「最後に、お母さんの声が聞きたいんだ」

携帯電話のバッテリーが切れかけていましたが、携帯電話を渡しました。誰もが最後の言葉を口にし始め、私は全く希望を失い、隣にいる仲間の手をしっかりとしっかりと握っていました。

「お母さんがここに来て出してくれなかったら、あいつらは僕たちを殺すよ」

ブルスクの母親は泣いていました。

「息子よ、私たちがそこまで歩いて行って救い出すから」

私が間違っていなければ、母親たちは建物の所まで行こうと試みたのですが、地区の入り口で拘束されてしまったそうです。

生き残っていた二十人ほどの中には、人民議会共同議長メフメット・トゥンチュの弟、オルハン・トゥンチュもいました。彼も足にけがを負っていました。

「もうすぐ息子が生まれる。もし僕らが助かったら、息子の名前はボタン（チグリス川支流の名）、助からなかったらベケシュ（孤児）にしてくれ。妻にそう話したんだ」

息子の顔を見ずに死にたくない。オルハンはそう言って涙をこぼし、私も泣いてしまいました。

仲間の一人、デリャ・コチュは外部との連絡を取っていて、彼女によると救急車は夜九時に来るとのことでした。しかし十時になっても十一時になっても来ません。もう私たちに希望は残っていませんでした。地下の仲間たちを焼き殺したのだから、国は私たちを生かしておくはずはない。私たちに何ができたでしょうか。次に何をしてくるのだろうと、もはや、ただ見ているしかありませんでした。その夜は、そんな風に過ごしました。

翌十一日の午前八時に彼らは戻ってきました。トルコ軍兵士たちの声が近づいてきました。建物に入ってきたのです。私たちは、叫び、悲鳴を上げ、廃墟となった狭い場所を逃げ回りました。台所のオーブンの陰に隠れましたが、銃弾が雨のように降ってきます。オルハン・トゥンチュが隣におり、デリラという子もそばにいました。デリラは銃弾のターゲットとなってしまい、射殺されました。私はもはや、耐えられる状況ではありませんでした。デリラの頭が私の膝に落ちてきたのです。ショックで私は立ち上がり、闇雲に走り出しました。気が付くと建物の外に出ていて、隣にあったモスク（イスラム寺院）に逃げ込みました。

モスクもほとんど破壊されていたのですが、地下室にゴミの山があり、私はそこに飛び込んで横たわったのです。戦車の砲撃音、仲間たちの叫びが響いていました。一時間ほどすると、仲間たちの声が聞こえなくなりました。みんな殺害されたのです。聞こえてくるのは毒づいている兵士の声だけでした。

「服を脱がせろ」

「体を伸ばせ」

「爆弾班、爆弾を持ってこい」

大きな爆発音がしました。兵士たちは遺体から服を剝ぎ取った後、爆破しているようでした。

これは現実か、それとも夢だろうか。今でも、あの時のことをどう説明したらいいのか分かりません。私はそこに十日ほどいたと思います。食べ物も飲み水もなく、地面の土を口にしたこともありました。湖や川のそばにいる自分や友達とテーブルを囲んでいる自分を想像し、喉の渇きや空腹を忘れようとしました。

普通なら、人は十日も飢えや渇きに耐えられないはずです。いったい、どうやって耐えたのか分からないのですが、奇跡とはああいうことに違いないと思います。

今でも考えています。あの経験は現実だったのだろうか、と。あまりにも重すぎて、頭で理解できないのです。人間が、どうしたらそんな経験に耐えられるのかと人は驚くでしょう。でも私は経験し、生き残る可能性などないと思っていましたが、生き残ったのです。

女性たちの嘆きの歌

クルド語を話す女性たちの声が聞こえてきました。トルコ語の放送も聞こえます。

「外出禁止令はまだ解かれていない。立ち入り禁止区域に入ったら危険だ。殺されるか逮捕されるだろう」

母親たちが叫んでいます。彼女たちは嘆き悲しみ、死者を弔う嘆きの歌を歌っていました。私は立ち上がろうとしたのですが、できませんでした。

再び女性の声が近づいてきた時、死に向かっていた私は初めて希望が見えたような気がしました。立ち上がったのですが、倒れてしまいました。女性の方に行くのだと自分に言い聞かせ、またよろよろと立ち上がり、声の方に歩いて行きました。

女性は私を見てショックを受けたようでした。生存者がいるとは思っていなかったからでしょう。

「まだ兵士がいる。周囲を確認するから隠れていなさい」

女性は間もなく戻ってきて、私を連れ出してくれました。通りでトルコ軍警察の装甲車が近づく音がすると私をさっと隠してくれたりしながら、着いた所は彼女の自宅でした。

居間にある鏡に映った私の姿は、幽霊のようでした。頭は泥と埃まみれで髪の毛は固まっていました。女性は、私の体をきれいにしてくれ、着替えをくれました。私はまだ、夢を見ているような気持ちでした。

しばらく休んだら、テレビニュースを見たくなりました。ニュースでは私の名前が報じられていて、私の家族が遺体を受け取り、村に埋葬したと言っていました。それでも家族には連絡したくはありませんでした。私が生きていると当局が知れば、殺しに来るはずです。あの虐殺を、誰も生き残ってはならなかったのです。

私は女性の家の人に、ジズレから連れ出してくれないだろうかと頼みました。トルコに居続ければ殺されるはずです。家の人は、市役所周辺に知り合いがいるので信頼できる人に伝えてみる、と言ってくれました。

人間の心ではないもの

その家に私は一週間か十日ほどお世話になり、ある人の助けで車でジズレを出て、国境を越えました。その地域に知っている人は一人もいませんでしたが、一九九〇年代にトルコ軍に村を追われた数千の人々が住んでいました。

私がこの地に住んで四年ほど経ちます。住民は同じような経験をしていたので、私のことをよく理解してくれています。時には家族と話をします。家に帰りたい、ジズレに行きたいと思うことがあります。しかしジズレは今、トルコの支配下にあり、警察署があちこちに設置されていると聞きます。

感情的になってしまう日々を乗り越え、私は今は冷静に、明確に思考できています。二十一世紀に人々が集団で焼殺される犯罪が世界が見ている前で起きた。ジズレの事件は欧州人権裁判所に持ち込まれたのに、何の措置も講じられていません。人権裁判所であるならば、なぜ人道に対する罪に沈黙しているのでしょうか？

クルド人であることは罪なのでしょうか。私たちの言語と文化を保持し続けることがなぜ、罪なのでしょうか。なぜ、私の運命はトルコ人の手中にあるのでしょう。人道上の大きな恥ではありませんか。多くを求めすぎでしょうか。最も当たり前の人権を要求しているから、と刑務所に入れられたり殺されたりするのなら、自分を守るために、必要ならば武器を使うことは私の権利でもあるべきです。あらゆる生物には、自衛権があり、私たちには自衛の権利があります。

クルド人の生存のための戦いは、正当なものです。家や町を破壊しにくる暴君に抵抗するのは、クルド人の権利です。彼らは戦車や大砲、戦闘機と共にやってくるのです。私たちの家を燃やすのです。これに沈黙しろと言うのですか？　誰も沈黙するべきではありません。

ジズレで起きたことを、クルド人だけでなく、誰しも忘れるべきではありません。私は忘れません。死ぬまで忘れません。責任を問うために、人生の最後まで力の限り戦います。全クルド市民と勇敢な子どもたちも、責任を問いただすために戦い続けます。

あの残虐行為についてもっと詳細に話したいのですが、全てを説明することはとても難しいのです。なぜならあれは、人間の心ではないものが起こしたのですから。四年が過ぎましたが、今も難しいのです。


ファトマの証言は約一時間である。記憶は時に、人を押し潰してしまう。二十代の彼女が地獄のような経験を客観的に語るようになるまでには、国境の向こうに追われた人々のあたたかい支えもあったのだろう。ファトマがジズレの出来事を一生忘れないように、私の記憶から彼女が消えることはない。そのことを私は既に知っている。

第四章 唯一のカメラだから残る

レフィック・テキンは、国軍により封鎖されたジズレで映像を撮り続けた、ただ一人のテレビカメラマンである。しかし彼の取材活動は封鎖から三十六日で終わらざるを得なかった。スナイパーに射殺されて、通りに放置されたままの市民の遺体を回収しようと現地に向かった市民一行を同行取材し、その途中で治安部隊に銃撃されたのだ。レフィックは右足に被弾したが、流血と痛みに耐えながらビデオカメラを回し続けた。白旗を掲げた非武装の市民が銃撃される決定的な映像を収めたカメラは同僚の女性記者に託され、記者は住民の助けを借りて映像をインターネットで本社に送った。映像は放映され、「軍との交戦で、テロリストが死傷した」とする政府発表を覆し、「テロとの戦い」の名の下で市民が犠牲になっている事実を国内外に知らしめ、大きな衝撃を与えた。

小さなカフェで

レフィックに初めて会ったのは、銃撃事件から五カ月ほどが過ぎた二〇一六年六月下旬である。彼が所属する独立系テレビＩＭＣのディヤルバクル支局近くにある小さなカフェが待ち合わせ場所だった。店主らしき男性に案内され、軋む細い階段を上り二階に行くと、こぢんまりした居心地のいい空間に小さな木製のテーブルと椅子がいくつか置かれていた。イスラム教の断食月、ラマダン期間中の昼下がりだったが、若い女性がビールのグラスを前に読書に耽っている。トルコは世俗主義とは知っていたものの、面食らった。

レフィックは、時間通りに現れた。一九八二年生まれの三十代半ば。小柄で黒髪を肩の近くまで伸ばしている。松葉杖を使う姿がどこかぎこちなく痛々しいが、支局から歩いてきたと言う。

「弾丸が貫通して骨が砕けたから、鋼で固定しているんだ」

人懐こい笑みが一瞬、目に浮かんだが、すぐに暗い陰に覆われた。

ジズレ取材は彼の心にも、深い傷を負わせたのだろう。強大な武器を結集した自国の軍が子どもや母親を銃撃する理不尽な現場を取材し、国際メディアの関心の薄さに憤る。右足を撃ち抜かれ、激痛の中で兵士たちから暴行を受ける。政府系メディアの友人記者が「カメラマンを名乗るテロリスト」と書く。取材者であり事件の当事者となった、激動の日々だったのだ。

店主らしき男が、濃いコーヒーが入った小さなカップを運んできた。

カメラを持つようになったきっかけは何だったのか、と私は聞いた。

「中学に通った町に一軒だけ写真館があって、オーナーがカメラを貸してくれたんだ。友達を撮影しておいでと言われて」

当時、十三、十四歳くらいだったレフィックにはいいお小遣い稼ぎになった。写真館でアシスタントになり、カメラの使い方やフィルムの現像の仕方をオーナーから学んだ。

レフィックが生まれたのは、写真館があった町ではない。トルコとイラン、イラクの三国の国境が接するトルコ南東部の小さなクルド人の村だった。政府軍とＰＫＫの衝突が起きたため、一家は安全な地を求めて村から村へと転々と移動した。戦争と隣り合わせに生きるとはどういうことなのかを幼い頃に知ったが、六人きょうだいの末っ子で、家族から可愛がられた。

イラク北部のクルド人自治区にある大学で放送学を学んだ後、写真専門の通信社などで仕事をした。

国境地帯に住む人々、祈りと共に生きるヤズディ教徒たち。知られざる人々の暮らしを記録するドキュメント写真を撮るのが好きだが、スチールカメラの仕事だけではお金にならない。二〇一三年末、独立系テレビＩＭＣのディヤルバクル支局に職を得て、デジタルビデオカメラとスチールカメラの両方を使って取材をするようになった。「イスラム国（ＩＳ）」がトルコ国境に接する隣国シリアのクルド人の町コバニを攻撃した「コバニ包囲戦」の取材には四度出掛けた。ＩＳ兵士がトルコ領内を堂々と通過していく場面を撮影した映像で国内の賞を受賞した。

写真について語り始めたら、レフィックは生き生きとしてきた。写真は彼の人生なのだろう。それだけに足のけがで思うように撮影ができない時間はもどかしいに違いない。

彼とはトルコ滞在中に二度会い、日本に私が帰国してからもたびたび、連絡を取った。

足の傷が治るにつれ、人懐こさや大胆さが戻って来るのが窺えた。当局にテロリスト容疑をかけられて、一時ドイツに避難していた時は、欧州に辿り着いた難民や移民の生活を撮影していた。

「写真は、人生に光を当てるんだ」

そんなメッセージが無事を知らせる言葉と共に来た。

「相当やばい」

二〇一五年十二月十三日のことである。ジズレに十四日夜から外出禁止令が出るとの情報が入った。

「現場に行け」

上司の指示で、同僚の女性記者サーデットと深夜、車でジズレに向かった。支局があるディヤルバクルからジズレまでは車で約二時間の道のりである。多数の軍用車両が同じ方向に向かっていて、車が思うように進まない。車両や兵士の写真を撮りながら進み、ジズレに入ったのは十四日未明になっていた。

おびただしい数のトルコ軍の戦車と、軍警察の装甲車、兵士や警察官たちが、ジズレの周辺に待機していた。国軍は、今回の外出禁止令のために念入りに準備をしていたのだ。戦争が始まるのではないか。上司に不穏な空気を報告した。

「相当やばいな。すぐに引き返せ」

上司の脳裏にあったのは、三カ月前の九月、ジズレに外出禁止令が出た時のことだったのだろう。乳児から七十代までの二十人近い男女が国軍のスナイパーらに殺害されたのだった。ある若い女性の遺体は、衣服を剝ぎ取られて放置された。ところが政府は「死亡したのは全員がテロリスト」と発表したのだった。

レフィックの脳裏にあったのも、九月のことだった。あの時、テレビカメラマンがジズレにいたら、殺害されたのは一般の市民だという事実が伝えられたはずだ。

「ここに留まります。他にカメラマンはいないんですから」

レフィックの強い口調に、上司はジズレでの取材続行を受け入れた。ＩＭＣテレビは、政府発表よりも事実の報道に力を入れる方針で知られていた。

銃撃の日々

十四日朝、人々が通りに出て来た。この日の夜から施行される外出禁止令に備えて水や食糧を買い求めようと市場に向かっていたのだ。市場は人でごった返し、道路は渋滞した。午後十一時。砲撃音が静けさを破った。外出禁止令の発効と同時に戦車が市内に進み、ジズレ周辺の丘陵に戦車や装甲車が配置され、町は包囲された。

レフィックとサーデット記者は、人民民主主義党（ＨＤＰ）の国会議員、ファイサル・サルユルドゥズの自宅に寝泊りさせてもらい、昼間は市役所に詰めた。市庁舎や警察、軍が占拠した病院や学校の周辺を除いた地域では、電気や水が止められた。

ジズレ出身のファイサルは町の状況に詳しく、彼の元には情報が集まった。市役所に知り合いが多く、市民からの信頼も厚かった。何よりも、国会議員に兵士が銃口を向けることはないはずで、ファイサルと一緒にいれば安全だという安心感がレフィックにはあった。

十五日には、三十歳の母親がスナイパーに射殺された。それからは、痛ましい事件取材の連続だった。中でもレフィックが忘れられないのは、子どもが家族の目前でスナイパーに射殺された事件である。

ある日、十二歳の少女、ブネシュの家の裏に爆弾が落ちた。一家の自宅は、国軍が重点的に狙っていた地区の一つ、ジュディ区にあった。家族は、警察に電話をし相談した。

「この家から避難したい。どうしたらいいだろうか」

「白旗を掲げながら家を出なさい。白旗があれば、誰も銃撃しないだろう」

電話口の警察官の指示に家族は従うことにし、末娘のブネシュに言って聞かせた。

「お前は小さな女の子だから、誰も銃撃してこないだろう。お前が白い旗を持って前を歩きなさい。私たちは後ろからついて行くから」

白旗を持ったブネシュがまず、二階の扉を出て外階段を下りて行った。銃声が響き、ブネシュの小さな体が地面に落ちた。

スナイパーがいた。家族は走り寄ることもできず、ブネシュの体は二十四時間にわたり、家族の目の前に横たわっていた。

「助けて欲しい」

家族はファイサル議員に電話口で泣き叫んだ。

生後二、三カ月の赤ん坊、ミライの家は、小さな丘の上の安全なはずの地区にあった。庭で叔母の腕に抱かれている時に、被弾した。スナイパーが叔母を狙ったらしかった。

「まだ生きている。何とか病院に連れて行きたい」

警察は、電話をした祖父に白旗を上げて行け、と指示した。しかし、ミライを抱いた祖父母らにスナイパーが発砲し、ミライと祖父は路上で死亡、祖母は重傷を負った。ファイサルと共にレフィックが現場に駆けつけた時、地面にはまだ鮮血が広がっていた。

残忍で理不尽な事件は数え切れなかった。市民は昼も夜も途切れることなく、銃声や砲弾の音にさらされていた。こんな日々の中で、人は正気を保つことができるわけはない。記者として充足感を感じるような取材は、全くなかった。

「けがをした人が一日か二日経って救急車で運ばれた、なんていうニュースを配信できた時は、少しだけ僕らは幸せになれたけれどね」

だが、それぐらいだった。家族の悲鳴。助けて欲しい、という言葉。人々の目の奥にある、途方に暮れた表情。一生、忘れることはできない、とレフィックは言う。

政府のメディアツアー

レフィックが同僚とよく口にした言葉がある。

「戦争の最初の犠牲者は真実である」

ジズレで起きているのは、この有名な言葉そのものだった。「対テロ作戦」の名目でトルコ軍が市民を無差別に攻撃している事実が、ジズレの外に知られることはあってはならなかった。だから記者は、政府や軍にとっては邪魔な存在だった。レフィックが詰めていた市役所はトルコ軍の攻撃対象地域ではなかったが、外に出る時は警察官や兵士に見つからないよう、逃げるように走ったり隠れたりしなければならなかった。見つかれば逮捕されることは明白だった。

政府系メディアやトルコで名の通った大手メディアの記者たちが時折、トルコ軍と共にやって来た。ヘルメットをかぶり防弾チョッキを着て、装甲車に乗っている。兵士が連れて行く場所では交戦が演出され、それを取材し、彼らは帰って行く。そんなシーンをレフィックは何度も目撃した。

銃声に常時さらされ、スナイパーに無慈悲に殺害される人々を取材してるレフィックには、報道倫理を逸脱し良心を失っているとしか映らなかった。

「政府の望む戦争の叫びを、政府の支援を得ながら報じていた。トルコ軍や警察の側から取材するなら、市民の側からも取材するべきじゃないのか。兵士が撃っている弾丸は誰に命中しているのか。死んでいるのは政府が言うようにテロリストなのかどうなのか。実際に起きていることを市民は知る権利があるはずだ」

それに現場にいるレフィックには、国際メディアの関心も薄いように感じられた。クルド人の居住区で市民が銃撃され死亡する事態に、外国人記者は新しさを見出せないのかもしれなかった。

世界はこの事実を目撃するべきだ

外出禁止が始まって一カ月以上が過ぎた。

ジュディ地区周辺に残っている女性から、外出した夫が帰ってこない、とファイサルに相談があったことで、女性の自宅近くの通りに数遺体が放置されていることが分かった。ファイサルは市役所に来ていた市民らと共に遺体を引き取りに向かい、レフィックとサーデット記者、それにジズレ在住の新聞記者が同行取材をすることになった。ジュディ地区は国軍や治安部隊が重点的に攻撃しており危険性が高い。レフィックに恐怖感はあったが、国会議員のファイサルがいれば銃撃されることはないと、自分に言い聞かせた。

「白旗を掲げて遺体回収に向かう。銃撃しないで欲しい」

ファイサルが、警察に電話で伝えるのをレフィックも聞いた。

二〇一六年一月二十日。午前十時頃、ファイサルと副市長を含めた三十人ほどの一行は荷車と共に市役所を出発した。レフィックのビデオカメラは白旗を掲げ戦闘を歩く年配の女性を捉えている。

ヌサイビン大通りを渡りジュディ地区に到着し、その一角で男性の三遺体を見つけるまでは小一時間ほどだった。三人は、いずれもスナイパーに射殺され、付近には負傷した人たちもいた。レフィックのビデオカメラは激しく攻撃されている地区の姿を映している。

瓦礫の山と燃え尽きた自家用車、家屋の壁に残る無数の弾痕、布に包まれた遺体を荷台で運ぶ市民、遺体の側で死んでいる猫。人々の足音だけが響き、緊張と悲しみが伝わる。

一行が再びヌサイビン大通りに差し掛かった時のことだ。百メートルほど離れた所に軍用車両が停められ、武装した数人の男たちがいた。警察官なのか軍兵士なのかは分からない。レフィックはその状況を撮ってから、中央分離帯の隙間を通り一列になって道を渡る人々にカメラを向けた。

銃声が響き渡った。

「落ち着いて。大丈夫だ」

誰かが言った。ヌサイビン大通りから市役所に向かう地区は、軍が重点的に攻撃している地区ではなかったから、レフィックも「威嚇射撃だろう」と思った。

次の瞬間、激しい銃撃が始まった。不意を突かれ、みんなが逃げ惑った。列の先頭にいて道路を渡り終えていたファイサルやサーデット記者は脇道に逃げ込んだ。

カメラを回したままレフィックも走った。踏み出した右足に何かが当たったと感じた直後、全身を痛みが貫き地面に倒れた。激痛に耐えながら、近くの商店の軒下まで這って行った。

誰も乗っていない車椅子が、レフィックの視界をゆっくりと横切った。地面に倒れた男性から流れ出た鮮血が水のように地面を這って行く。静かに流れるアザーン（礼拝の呼び掛け）を突き破るように、銃声が響き渡る。

ジズレでは、市民はしょっちゅう、こんな目に遭っているのだ。だけど誰もそれを目撃していない。今、世界はこの事実を目撃するべきだ。政府はおそらく、今回もテロリストを銃撃したと発表するだろう。そんなことはさせない。

一分ほど、レフィックは仰向けのまま、体が痛みに慣れるのを待った。それから左手を腰の辺りにあるビデオカメラにそっと伸ばした。生きていると兵士に気づかれれば、銃撃されるかもしれなかった。片手で操作しようとしたが、被弾した右脛の激しい痛みでカメラを支えられず、右手を添えてゆっくりと周囲を撮影した。映像は当局者の手に渡ってしまうかもしれない。そうなれば、映像は永久に闇に葬られてしまう。その恐れはあったが、カメラを回し続けスチールカメラのシャッターも切った。

向こうの方から、救急車が近づいて来るのが見えた。銃声がまた響く。

「レフィック！　レフィック！」

ファイサルが叫びながら駆け寄って来た。

「僕は大丈夫。他の人の方がひどい」

ファイサルに起こされるレフィックを地元記者が携帯電話で撮影した。「大丈夫？」と泣き叫ぶサーデット記者に、レフィックはスチールカメラとビデオカメラの両方を託した。ファイサルが電話で要請し到着した救急車に、レフィックは抱き抱えられて乗った。

人々の悲鳴とレフィックのうめき声も記録しているこの映像は、今もインターネット上で公開されている。

殺されるよりもひどい侮蔑

この銃撃で二人が死亡、十人が負傷した。負傷者は救急車と遺体搬送車に分乗した。病院までは一、二分しかかからない距離だったが、途中の検問で軍に指示され、救急車は郡知事庁舎に向かった。郡知事は、選挙で選ばれる市長や県庁といった地方行政のトップではなく、中央政府から派遣された治安担当のような仕事をしている。

庁舎に着くと、警察官が運転手を引きずり下ろし激しく殴り付けた。

「お前はなぜ、あの現場に行ったんだ。何の用で行ったんだ」

複数の警察官がレフィックら三人の負傷者の襟ぐりをつかんで引きずり下ろして、殴る蹴るの暴行を始めた。

「僕は報道機関で働いている」

レフィックは、首から下げていた記者証を見せて叫んだが、警察官はそのカードを引っ張り外した。

「トルコの本当の力を見せてやる」

「お前ら全員、テロリストだ」

警察官たちは言い返すのを待っている、とレフィックは感じた。何か言ったところで、何の意味もない。彼の沈黙が男たちをさらに焚きつけた。

「俺の顔を見るな、目をつぶれ」

警察官はそう命じた。自分たちがいつか告発されるかもしれないと恐れている、とレフイックは殴られながら思った。警察官は、レフィックら三人をしばらくその場所に放置した後、自分で救急車に乗るよう命じた。足から流血しているレフィックは這うしかなかった。

殺されるかもしれない。救急車が遠回りをしながら走っている時に、そう覚悟した。到着したのは、国立病院だった。だが病院は軍の基地になっており、待っていたのは多数の警察官と兵士だった。救急車は病院入り口の二十五メートルほど手前で止まり三人が車椅子に乗せられると、携帯電話を持った兵士が群がってきた。

「テロリストめ」

寄ってたかって顔を殴られ、携帯電話で写真を撮られた。レフィックは顔を覆ったが、無駄だった。運転手も殴られていた。

レフィックはここでも叫び声も上げず沈黙を守ったが、心理的には打撃を受けていた。血を流し痛みに苦しんでいる者を見せ物にして侮辱し、「テロリスト」と呼んで集団で暴力を振るう。一般市民であってもカメラマンであっても、クルド人は兵士にとって敵であり「死ぬべき存在」と考えているのだ。兵士の憎悪と敵意をレフィックは感じた。

「どんなに言葉を尽くしてもあの時の気持ちは説明できない。僕には殺されるよりたまらないことだった。人間が人間に対し、なぜあんなことができるのか」

銃撃による痛みなんて、侮辱されることに比べれば取るに足りなかった、とレフィックは言う。

病院の医療従事者にはジズレの住民もいれば、首都アンカラから派遣された者もいたが、誰もが悪態をつきレフィックをテロリストのように扱った。傷の具合を診断した医師は、約百五十キロ離れた町マルディンの病院にレフィックを搬送すると決めた。

「この足は切断するしかないな」

車の中で、兵士が笑った。

君を誇りに思う

マルディンの病院で受けた手術は四時間に及んだ。二、三日は痛みに苦しむだけだった。大量の痛み止めを与えられ、何も考えられなかった。誰かから「当局は君をテロリスト容疑で拘束すると決めた」と伝えられ、病室の外には警官が立っていた。心身の痛みで、誰とも話したくなかった。
四、五日たった頃に、看病に来た兄がベッドの横で言った。
「ファイサルが何度も電話してきたよ。君の映像のおかげで、国中がジズレで何が起きているかを知ることになった、よくやってくれた。そう言っていた」

ファイサル。残酷な状況を共にくぐり抜けた友人。初めて話す意欲が湧いた。銃撃された後、ファイサルは駆け寄りレフィックの腕を取った。それがファイサルのことで最後に覚えている場面で、他のけが人はどうなったのか分からなかった。でも映像は放映されたのだ。

「本当によくやってくれた。君の映像のおかげで、みんなジズレのことを話している。体に気をつけて。君の健康が私にはとても大事だ」

電話の向こうで、ファイサルは何度もありがとう、と言った。

レフィックからカメラを受け取ったサーデット記者はかなり動揺してはいたが、治安部隊が一帯を封鎖することを予想してすぐに壁を越えて身を隠した。行き合った人にインターネットが使える民家を教えてもらい、そこから映像をイスタンブールの本社に送ったと言う。ビデオカメラは「録画中」のままだったことをサーデット記者は知らず、逃げる途中の周囲の映像も映っていた。これがレフィックが後からサーデット記者から聞いた顚末だった。

映像には国連の機関から反応があった。二月一日にジュネーブ発で発表された文書で、ゼイド・ラァド・アル・フセイン国連人権高等弁務官は、「たいへんショッキングだ。残虐な行為を撮影することは犯罪ではない。しかし非武装市民を銃撃することは間違いなく犯罪である」と述べ、トルコ政府に市民の基本的人権を尊重するよう求めた。この時はすでに「第一地下室」が攻撃され、数十人が死亡した後だった。

カメラは僕の一部になった

ジズレ取材で撮影に使ったデジタルビデオカメラは、自分の一部になったと、レフィックは感じていた。

「会社の備品だけれども誰も触らないんだ。僕の現場復帰を待っている」

ＩＭＣディヤルバクル支局に置かれたカメラを、レフィックは愛おしそうに眺めた。カメラに名前はあるのか、と私は聞いた。

「そうだね。シャヒド（クルド語で「目撃者」）かな」

レフィックはにこりとした。

トルコ当局は、レフィックの映像が放映された翌月、ＩＭＣテレビの放映禁止措置を講じた。七月にはクーデター未遂が発生し、それを機にメディア弾圧の嵐が吹き荒れ、反政府系メディアと断定された百三社が閉鎖を命じられ、百人近い記者らに拘束命令が出た。それでもトルコ記者協会は八月、ジズレの銃撃映像を称えてレフィックに「報道の自由賞」を贈った。レフィックは授賞式に「報道は犯罪ではない」とプリントしたＴシャツを着て臨んだ。

ＩＭＣテレビは十月四日、イスタンブールの本社を警察が急襲して生中継中の番組が切られ、「テロリストのプロパガンダを広めた」との理由で強制的に閉鎖された。

カードの一枚に過ぎないのか

ジズレ事件から四年経った二〇二〇年七月、インターネットのビデオ会議システムを通じて、トルコ南東部にいるレフィックと久しぶりに顔を見ながら話をした。

彼が二〇一八年三月にドイツに渡ったことは聞いていたので、そのまま欧州に滞在するのかと思っていたが、翌年十一月にトルコ戻ったのだ。エルドアン大統領の権威主義は強まるばかりで、トルコでは自由な取材活動もできないのではと私は想像していたから、帰国の選択は意外だった。

「一番の目的は足の治療だったんだ」

ドイツに行った理由を彼は説明した。それに加えて、警察が再び「テロ組織のメンバー」「テロ組織を宣伝した」などの容疑で彼を拘束しようとする動きがあった。この件は、二人の人物の証言で捜査終了となったというが、しばらく面倒なことから遠ざかりたいと思ったのも、ドイツ行きを後押しした。

だがドイツはレフィックに居心地の良い場所ではなかった。

治安がよく民主的で、人権も環境も尊重する国と期待していたが、ドイツの人々はクルドの人権問題には関心が薄いと、レフィックは感じた。国際ニュースの焦点は目まぐるしく変わり、大国の利益が絡むシリア情勢に世界の注目が集まる中で、ジズレの虐殺は広く知られる前に歴史の間に埋もれていきつつあるように見えた。

「クルド人の人権や民主主義、独自の言語や文化を守ることは重要だ」。欧米は美しい言葉を語るが、実際に虐殺が起きている時に、それを止める力は働かなかった。トルコは地政学的にも、経済的にも欧米にとって重要な国である。移り気な国際政治力学の中で、クルド人は一つの切り札としかみられていないのではないか。そんな思いは二〇一六年、友人の勧めでドイツに本部がある非政府組織が主催した、戦場取材などで心に傷を負ったジャーナリストのためのプログラムが、レフィックを受け入れなかった時にも感じたことだった。トルコの報道の自由は世界最悪の状況で、クーデター未遂後に、拘束されたジャーナリストの数が中国を抜いて世界最多となり、レフィックにも拘束の危険が及んでいた頃である。心身ともに疲れきっていた時期に、受け入れを断られるのは辛い。「国境なき記者団」がドイツのビザ取得で尽力してくれたが、ドイツ政府が長期滞在ビザを発給しなかったことも、レフィックに疑問を抱かせた。

ドイツに居住しているクルド人は約百万人といわれ、マルクス・レーニン主義の共産党ら左派のほか保守主義者らも活発に政治活動を繰り広げていた。レフィックは政治的な活動に巻き込まれることは避けると決めていたので、政治的イベントになりがちなクルド人の会合に参加することは控えていた。それでなくても、シンポジウムなどで事件を説明して欲しいという依頼はドイツ人からもクルド人からもなかった。国連人権高等弁務官が声明で取り上げた「ジズレの銃撃映像」を撮影したカメラマンとしてクルド人コミュニティでは知られた存在だったのに、である。

ビザの関係でドイツを出国して他の欧州諸国を回ることもままならず、写真家として自由な活動を制限されているように感じた。

トルコではひどいことが山ほどあるが、その現実の中で育ち、写真家としての自分は成長してきた。生まれ育った場所に帰るべきだと思った。友達は「危険だ」と反対したが、レフィックは帰国に迷いはなかった。

記憶に刻み込まれた

和平プロセスが始まった時、クルドの人々は「トルコ人と民主的に共存できるのでは」と信じていた。そんな言葉を私は何人かから聞いた。

レフィックによると「和平プロセスに『クルド人に一定程度の自治を認める』という条項がある」という情報が広がり、クルド人を奮い立たせた。自治体の自治宣言や一般市民も参加した塹壕の設置は、その情報に後押しされていたという。治安当局は当初は市民が塹壕を設置する様子を静観していたらしい。やがて政府は、回答を示す。

「トルコの力を見せてやる」

それはジズレの町角に大書され、警察官がレフィックを殴りながら叫んだ言葉でもあった。つまりは、国際社会に「武装して政府に反発したのでやむを得ず押さえ込んだ」と説明できる状況ができるまで、治安部隊は静観していたのではないかというのだ。

助けに来なかったクルド労働者党（ＰＫＫ）に失望した、という声も聞いた、と私は言った。

「あれほどの戦車と部隊に包囲されて、それを破るのはどんな組織でも無理だった。だけど、PKKにも責任がある。彼らは四十年にわたって戦っているのに、トルコを理解していなかったのだから。今やジズレ前とジズレ後がある。ジズレ事件は、クルドの人々の記憶に深く刻み込まれてしまった。和平交渉はあと百年はないと思うよ」

レフィックは今、そう考えている。

自分は十分に仕事をしたか

「あの取材をするべきではなかったのではないかと考えることがある」

とレフィックは言う。自分は本当の意味で、十分な報道の仕事をしたのだろうかとよく自問すると言うのだ。非武装の市民が銃撃されている事実を知らしめた価値ある仕事だったのに、なぜそう思うのか。

「ジズレには自分の意志で残った。会社に強制されたのではない。ジャーナリストとしての責任とか良心、倫理なんていうことを実行した結果、銃撃事件に遭遇したと思っている。でも自分のカメラで、何が起きているのかを本当の意味で知らせることができたのだろうかと、自分に問い質すことがある。そうすると十分行ったとは言えないと思ってしまう」

危険を犯した取材だったのに？

「僕はあそこで負傷してしまい、外出禁止令が出てから三十八日目で取材から脱落してしまった。その後、（地下室で）もっと重い事件が起きたのに取材できなかった。僕は安全を確保しながらジズレに居続けて、全てを伝えることが必要だったんじゃないか。脱落してしまったことで、すごくたくさんのことを見逃してしまった」

銃撃されてもカメラを回し続け、政府発表を覆したことは称賛された。しかし、本当に意味があったのは、危険な地域に敢えて行くことを選ばず、地道にジズレに止まり続けることだったのではないだろうか。銃撃による負傷で現場を離れなければならず、ジズレから唯一のビデオカメラがなくなってしまった。

そんな思いで彼は苦しみ、葛藤しているようだった。現場で取材できずにテレビを見ているだけの日々が続くと、自分のカメラで伝えなければならないことがたくさんあるのに、と考えてしまう。ドイツの病院では、医師が手術のリスクを説明し、失敗すれば足を切断しなければならなくなる可能性もあると言った。

「このままではデスクに座っているだけで、戦場や抗議デモの現場を取材できないんです」

それこそが最も恐れていることだとレフィックは医師に伝え、手術をして欲しいと言った。幸い、手術は成功した。それでも足の軽い痛みとは一生、付き合わなければならない、と言われた。完全に元に戻ることはないのだと言う。

「時々、帰国せずにヨーロッパにいた方が良かったのだろうかと思うことはある。でも精神的にはもっと悪い状態になっていただろうことは分かっている」

足の痛みと同じように、四年の間にジズレがレフィックの心から消えることはなかった。今でも頻繁に、撃たれた瞬間と撃たれた場所の夢を見るのだと打ち明ける。

「ジズレではないどこかで、戦争の取材をしているんだけど、気がつくと、ジズレで撃たれたあの場所にいる。山から落ちたこともある。だけど起き上がったら、あの撃たれた場所にいるんだ」

カメラマンとしての活動は、自分を救うためにも必要だったのだろう。レフィックが幸せを感じるのはドキュメンタリー写真を撮影している時だからだ。

メディアを取り巻くトルコの状況は厳しくなるばかりだ。二〇一六年から、拘束されたジャーナリスト数では中国と「世界最悪」の地位を争い続け、ジャーナリスト保護委員会（ＣＰＪ）はトルコを「ジャーナリストの刑務所」と呼んでいる。政府発表以外の記事を書くことが非常に困難な状況は、今も続いている。

「それでも、生まれ育った所で、厳しい現実と対峙しながら写真で伝える仕事をしていきたいと思っている」

帰国してからは、巨大ダムの建設で水没していく古代都市ハサンケイフの姿を定期的に撮影しているんだ、と話す時、レフィックは笑顔になった。

気がつくと、二時間半が過ぎていた。

「仕事の打ち合わせがあるので申し訳ない」

「無事でいてね」

別れの言葉を交わし、彼は画面から消えた。

第三部

語る遺骨、耳ふさぐ国際社会

第一章 遺骨は伝える

二〇一六年三月二日夜、ジズレに出されていた二十四時間の外出禁止令が一部解除された。それまで政治家や医療従事者であっても町に入ることは許可されていなかったが、これにより可能となった。調査のため直ちに現地入りしたのは、トルコ人権基金会長で、現トルコ医師会会長のシェブネム・コル・フィンジャンジュ博士ら人権団体関係者や、クルド系の人民民主主義党（ＨＤＰ）調査団などであった。

フィンジャンジュ博士は、拷問の認定や化学兵器による健康問題などの人権侵害に法医学の立場から取り組み、その功績で国内外の十二の賞を受賞している。

その経歴は、筋金入りの華々しさだ。トルコの医学部最高峰、イスタンブール大ジェッラフパシャ医学部を一九八七年に卒業し、九年後に教授に就任。一九九九年に、トルコ初の法医学診療所をイスタンブール大イスタンブール医学部の下で開設した。トルコでは九〇年代、当局は広く行われていた拷問を隠蔽していたが、博士は人に拷問が加えられたことを証明する多くのレポートを作成した。国外では、「民族浄化」が行われたボスニアで、国連監視下で進められた検視と身元確認作業に参加し、フィリピンでも国際法医学専門グループのメンバーとして、刑務所で起きている拷問に関する医学的考察を実施した。

一九九九年に国連の公式文書となった「拷問及びその他の残虐な非人道的なもしくは品位を傷つける取扱い又は処罰に関する効果的な調査と報告についてのマニュアル」（イスタンブール議定書）の作成に参加し、医療関係者や法律家、裁判官や検察官ら司法関係者、人権活動家らを対象に、拷問の調査やその報告の作成に関する教育を実施している。トルコ医学協会名誉理事を務めていた二〇〇三年、協会代表として首相府人権顧問理事を担った。拷問の被害者の治療やリハビリ、拷問をなくすための活動をしているトルコ人権基金の会長に二〇〇九年に就任。二〇二〇年十月にトルコ医師会会長に就任した。

ジズレで博士は、多数が殺害された地下室などで写真を撮影し、市民の証言を聞いた。情報は、本格的な調査のために三日後にジズレに向かったチームに渡された。調査チームは、人権協会、トルコ人権基金、トルコ医師会、医療社会サービス労働者組合、トルコエンジニア建築家会議所連盟のメンバーから構成されていた。

フィンジャンジュ博士は調査の結果を基に詳細な報告書の作成を指揮した。報告書ではトルコ国軍が市民に対し残虐行為を行ったことを指摘した上で、全容解明のための調査を実施するよう政府に求めた。博士はこれをトルコ人権基金のウェブサイトにアップし、内務省にも送付した。

それから三カ月後、博士は「テロ組織のプロパガンダを広めた」などとして二人のジャーナリストと共に拘束された。二十日後に保釈され、十二月に二年六月の禁固刑を言い渡されたが、二〇一九年七月、控訴審で無罪となった。憲法裁判所が二カ月後、裁判やり直しを命じ、二〇二〇年七月上旬、無罪判決を勝ち取った。

フィンジャンジュ博士と直接会って話したかったが、新型コロナウイルスの感染拡大で叶わなかった。代わりにイスタンブールの自宅にいる博士とビデオ会議システムでインタビューをすることになった。

「ネコが病気になってしまって。遅れてごめんなさい」

ショートヘアにタンクトップ姿の博士はそう言い、にっこりと微笑んだ。

テロリストではなく子どものあご骨

フィンジャンジュ博士が指揮しまとめたジズレ報告書は五十二ページにわたる。博士自身が三月三日に現地で行った調査と、調査チームが三月六日から八日までに行った現地調査に基づいている。外出禁止令が一部解除された直後の町の様子、地下室の詳細な描写、子どもたちの様子などについて、医学を専門とする人の視点で客観的に記述されている。

博士は、七十九日間の外出禁止令期間中に、ジズレの町が崩壊し多数の死者が出たということは、クルド系メディアの報道などで知っていた。地下室に閉じ込められている人の中に負傷者が出ていると聞いて、同僚の医療従事者が救急隊の一員として現場に行けないかと模索したが、ジズレの入り口で警察が「許可がない」などとして市内入りを阻んだこともあった。詳細は不明だったが、外出禁止令が解除されたジズレでどんな医療や日用品が必要とされているかを調べたかった。犠牲者の中には、以前からの知り合いもおり、その家族や関係者を見舞うのも目的だった。

三日早朝、博士は人権協会会長とイスタンブールからジズレ近くの空港まで飛び、それから車で一時間余り走り、ジズレに入った。ジズレ市役所で職員から話を聞くうちに、市民が虐殺された地下室の話になった。

「案内しましょう」

職員が博士らを現場に連れて行った。三つの地下室のうち、二つ目は建物が完全に崩壊しており、三つ目は上部の建物は残っていたが倒壊の危険があった。入れたのは、最初に軍の総攻撃を受けた「第一地下室」だけだった。

第一地下室の床は瓦礫で覆われているが、茶色のシミがついた毛布の切れ端や綿が床にたくさんある場所もあった。地下室には負傷者がおり、保管されていた毛布などを使って止血を試みていたという情報と合致していた。

「注意を向けるべきなのは、その周囲は壁や天井が煤で真っ黒で非常に激しい火災が起きたと推測できるのですが、毛布や綿は燃えずに残っていたということです」

隣の部屋に移動してみると、薪にも石炭にも見える小さな黒い物が床に多数あった。携帯電話のライトを点けてよく見たところ、燃え残った骨の一部だと分かった。あごの骨もあり、その小ささからすると明らかに子どものものだった。専門用具を持ってきていなかったので、正確な判断は難しいが、十歳から十二歳のもので十二歳以上の骨ではないと推測できた。これは「地下室にいるのはテロリストだ」としていた政府発表とは明らかに矛盾していた。

「すぐに記録に残しておく必要があると、この時に判断したのです」

トルコ人権基金や医師会などのメンバーで構成する調査チームが、後日に現場入りしてきちんと現場検証を行い報告書を作る予定だったが、重要な証拠となるものが現場からなくなってしまう可能性があった。博士は持ち合わせている物でできる限りの記録を取った。定規はなかったので骨の大きさが分かるように、近くに落ちていた燃えたメガネのフレームを側に置き携帯電話で撮影した。

「メガネのフレームは、私が使っているものとほぼ同じ大きさでした。つまり大人用です。あごの骨が大人のものなら、メガネのフレームとほぼ同じ幅のはずですが、その骨はフレームの半分ほどの幅しかなかったのです。どうみても子どもの骨です」

この子どもは「第一地下室」がある家屋に住んでいた、あるいは周囲の建物から避難してきた一般市民であると、博士は指摘する。

博士は、迫撃砲が戦車から地下室に撃ち込まれたのではないかと推測している。非常に高温の火災で真っ黒になるまで燃えている場所があり、遺体も激しく燃えてバラバラになっていた一方で、綿や毛布などがそのまま燃えずに残っていたからである。実際に迫撃砲弾の破片も落ちていた。

博士によると、この地域では一九八〇年代から政府とクルド労働者党（ＰＫＫ）の戦闘がしばしば起きているため、重火器を使う政府側の攻撃に備えて避難用の地下室を備えている家屋が多い。地下室は、普段は羊や牛の餌を保管する場所として使い、必要な時には避難所になるのだと言う。「第一地下室」は比較的大きくて頑丈だったため、家主の家族や周辺の建物から人々が避難してきたのではないか。

「いずれにせよ一般市民がいたことを示しており、「テロリストが地下室に立てこもり戦闘が起きている」という政府の主張とは矛盾しています」

博士は悪夢のような現場を法医学者らしく淡々と語る。

「現場をそのまま保存しておいてください。触ったりしないでくださいね」

博士は周囲にいた市民に注意喚起したが、子どものあごの骨は、二日後に博士の知人が現場に行った時には、もうなかった。

地下室に関する観察

報告書の「第一地下室に関する観察と見立て」の項では、次のように書かれている。

「第一地下室」があった建物の周辺には、大砲やロケット砲などおびただしい重火器があった。家屋の入り口とヌサイビン大通りから見て右側が崩壊して瓦礫になっている。

二〇一六年三月六日十三時三十分、調査団が調査を始めた。

建物全体に焼けた臭いがする。地下室と定義されているエリアは、トイレと浴室、台所、玄関ホールなどから構成されている。天井と壁の一部とみられるコンクリート片が床を埋め、さらに天井と壁は焼けこげている。

部屋には、人体に属すると考えられるものがあり、大部分が炭化するほどのレベルで燃えたとみられ、バラバラになっている。

・右手首からちぎれた、指がついたままのこげた手。
・大腿部の骨に属する部分、首からちぎれた骨の一部、上腕骨頭。
・肩だと思われる骨のかけら——燃えた組織と一緒に四つの肋骨（胸骨）がついた骨。
・小さな骨のかけら。
・二つ目の部屋——黄色がかった茶色で、約七、八センチの長さ。一方向から熱の影響を受けた兆候がある髪の毛と考えられる物質。

他の証拠について
・大量の銃弾薬莢——口径〇・九センチ、長さ四センチで「ＭＫＥ」と書かれているもの、口径一センチ以上、長さ四センチで銘柄がないもの。
・瓦礫の下にある、床に使われる材質は一部に燃えた跡が見られた部分もあったが、材質の下にある床には燃えた跡が見られなかった。

・部屋の壁の隅々に灰の塊があった。階段の下に相当する部分と、浴室には瓦礫が大量にあるために調査ができなかった。浴室の近くにある台所も、燃えたり物理的介入に基づく被害が見られたりした。

・ジズレ市の遺体運搬車両職員は、月日を思い出せないとしながらも次のように証言した。この家屋の前に二十六の遺体袋が置かれていた。遺体袋のファスナーは開かれ、治安当局者が遺体の性別をチェックしていた。遺体はどれも裸で衣服を着けていなかった。二遺体だけが身体の全体性を保っていたが、それでも燃えた跡があった。二十四遺体はバラバラで、重度の燃え跡があった。複数の遺体袋は重さが五キロから十キロ程度で、燃えた遺体の一部だけが入っていた。職員は、この遺体袋を集めて病院か定められた場所に運ぶよう指示された。

ゴミ捨て場に投棄された人体

地下室の遺体はジズレやマルディンなど五つの町の国立病院に搬送されたことが分かっ

ている。法医学的な作業は、犠牲者の遺族の申請で始まった。原形を止めていない遺体が多かったが、遺体数の確認はどうなされたのだろうか。

「基本的に、市役所の遺体埋葬担当の職員の証言と治安当局の報告書、市民の証言、その他の証言や証拠を集めて、だいたいこのくらいではないか、という数があるだけです。本当の死者数は四年が過ぎた今も、分からないのです」

報告書では「証拠が失われ、時間的制約がある状況下で、捜査の基本ルールを適用し学術的方法に忠実であるという基本は履行されなかった」としながら、「国家の関与が疑われる不法な死亡事件の調査における国際基準が遵守されていない」と指摘し「独立した効果的な捜査が実行されるまで、事件現場として保護されることは、真実を明らかにするという点で不可欠だ」と提案している。

しかしトルコ警察など治安部隊は地下室があった家屋を取り壊し、瓦礫と共に人体の一部を川べりのゴミ捨て場に投棄した。

報告書には、二〇一六年三月六日の調査として次のように書かれている。

「ファイサル・サルユルドゥズ議員が、チグリス川ほとりにあるゴミ捨て場の瓦礫に混在していたという人体の一部を写真撮影していた。議員からその写真が調査団に示され、状況を調査するため調査団はジズレ主席検察官との面会を申し入れた。しかし主席検察官は「多忙」と告げられ、シュルナック県弁護士会弁護士らと十四時頃、ゴミ捨て場に行った。

川のほとりに広いエリアがあり、ジズレ市役所がゴミや瓦礫を捨てていた。ゴミ捨て場のトラクター運転手は、地区から集められた瓦礫などが捨てられたと語った。子どもたちが遊んでおり、周りに注意書きの標識や防御などは一切なかった。

ゴミには、家庭の廃棄物や動物の死骸、建築廃材が混在していた。人体の一部が他にもあるかどうかを確認するために、ゴミ捨て場の中をしばらく歩き回った。弁護士が子どもたちから聞いたところでは、腕の一部は橋の下の、川から十～十五メートルほどの距離の所に埋められた。その場所を掘ると、深さ四十～五十センチの所に黒いビニール袋があり、中には緑がかった青の布をまとった、腕とみられる腐敗した身体の一部があった。写真を撮影し、調査団は十五時頃現地を出た。一週間後に弁護士が首席検察官に通報した結果、このビニール袋は捜査のために収集されたことが分かっている」

残虐行為をなした兵士たちの心理

今回、ジズレでトルコの国軍や治安部隊が実行した作戦は、一九九〇年代よりも残虐だった。そんな言葉を私は市役所職員や半壊した家屋の中で途方に暮れていた男性から聞いた。

「なぜ生きたまま人を焼くのか」

「なぜ遺体をバラバラにしなければならないのか」

「ＰＫＫも多数の兵士を殺害し市民を巻き添えにしたが、死者には敬意を払い、遺体を侮辱することはなかった」

拷問や虐殺は、それを実行する兵士にとっても心理的負担が大きい。その記憶は長い間、兵士を苦しめ平穏な日常生活に戻ることを阻む。その苦しみを私は、複数の国の元兵士から聞いたことがあった。今回、ジズレで残虐な行為を実行した兵士たちは今、何を思い日々を過ごしているのだろうか。動物を追い詰めるように包囲をじわじわと狭めて処刑し、遺体を戦車で引き裂き爆破した。やつらはテロリストなのだから当然の報いだと自分に言い聞かせ、快感さえ覚えた。彼らが夫や父親、息子に戻った時、自らの奥底に潜む力を弄んだ記憶はその日常に影を差しているだろう。

人間はなぜあそこまで憎悪をたぎらせ残虐になれるのでしょうか。私は医師としての意見を聞きたかった。

「それはハンナ・アーレントのアドルフ・アイヒマンについての考察がとても参考になりますね」

ドイツ出身の哲学者ハンナ・アーレントは、ユダヤ人虐殺計画の中心的役割を果たしたナチス政権下の親衛隊将校アドルフ・アイヒマンの裁判を傍聴して「悪の凡庸さ」を指摘した。フィンジャンジュ博士が語るのも、考えることを放棄し、システムを無批判に受け入れることの悪だ。

「治安当局や兵士は、力に屈することが基本になっています。無批判に命令に命令に従う。何を命じられてもそれを実行する。そう訓練されるのです。人の精神に影響を与えない戦争はあり得ません。何らかの影響を必ず受けるものです。これについては、戦後いろいろな名前がつけられましたが、現在では心的外傷後ストレス障害（ＰＴＳＤ）と呼ばれています。戦争に参加した人だけでなく、目撃した人にも当てはまります」

ＰＴＳＤの一つと言われているのが「無感覚になる」という症状だ。無感覚に残虐なことを実行できてしまい、暴力はさらにひどくなるという。

トルコでは一九九〇年代、「ジテム」と呼ばれる「軍警察諜報テロ対策チーム」が、司法手続きなしで残酷な処刑を繰り返していたことが知られている。ジズレで二十人の殺害に関わったとされるジテムの司令官ジェマル・テミズオズらの責任を問う裁判の判決が二〇一五年十一月に出され、テミズオズは無罪となり、ジズレ市民の怒りを呼んだ。今回の作戦では、こうした人たちも起用されたのではないかという指摘がある。いわばＰＴＳＤの「無感覚症状」の兵士を利用した可能性があるというのだ。

「そういうことがあったとしても、驚きではありません。政策にも合っていますし」

博士の口調はどこまでも冷静だ。

「ある虐殺事件に関わったムサ・チティルという兵士がいましたが、証拠もあったにもかかわらず、裁判では「時効」ということで無罪になりました。その後、彼は昇進し、（トルコ南東部の）ディヤルバクル市の軍警察司令官になったのです。ジズレの作戦では「特別機動隊」という名の下で、新人の兵士や契約したばかりの若い兵士も派遣されていたと聞いています」

兵士たちの精神問題に関する情報が、軍病院のリハビリテーション科から出てくることは滅多にない。一九九〇年代のＰＫＫとの激しい戦闘でどれほどの兵士がＰＴＳＤを患っているのか、それは全体の何パーセントに相当するのか、また症状や治療法についても不明だという。

「本来は、大規模な調査が行われるべきです。そうすれば、どう対応すればいいのかも分かってくる。残念ながら、情報や報告書がないので、我々にも分析や調査をする機会がありません」

博士が指揮した報告書には、被害者の回復についても書かれている。

「社会は事件が起きた後、真実を明らかにし、罪と犯人を罰し、正義がなされるという感情を満足させるメカニズムを必要とする。正義がなされたという感情を強くするのは裁きのプロセスだけではない。使われた言語、経験したトラウマと痛みへの認識、親しみ、真実性、そして最も重要なのは真実に到達しようという努力の存在だ。真実が明らかになることは、社会と社会生活の再構築を可能にする」

それには「一つ一つの死がどのように起きたのかを明らかにし、責任者を特定するために実効性のある独立した捜査が必要」なのだ。それが行われる可能性は今のところない。

地元紙ヨルジュルックは、二〇一六年一月五日付の紙面で陸軍司令本部の秘密文書をすっぱ抜き、ジズレに派遣された兵士は「市民であっても撃て」と命じられていたと報じた。それによると、文書は二〇一五年七月三十日付で、陸軍司令本部第百七十二装甲旅団副司令官第三戦車大隊司令本部ジズレ／シュルナックと記されている。「武器を使用しないと政府は持ちこたえられなくなる。告発を恐れるな」などとし、武器使用を躊躇したものは重い結果を科されると強調している。

治安が優先する時代

ジズレで市民が助けを求めて叫んでいることを、国際社会は知っていた。国際人権団体のアムネスティ・インターナショナルやヒューマン・ライツ・ウォッチが警告を発していたし、ファイサル・サルユルドゥズ議員は連日ツイッターで死の瀬戸際にいる市民の様子を伝え、欧州議会や国連、国際赤十字に仲介を求めていた。

人権の尊重をうたう国際社会を沈黙させたのは何だろうか。

「エルドアン大統領は、シリア難民を脅迫の材料に使っていました」

理由の一つが「難民問題」だったとする見方に、フィンジャンジュ博士も賛同する。

「人権を守る理想を掲げながら、（国益を優先して）人権を侵害する事件には見て見ぬふりをする。私はこの二面性について、国際会議で明確に指摘してきました。残念ながら現在は、治安が優先され人権が無視されている時代なのです」

第二次世界大戦後にたどり着いた、人間の尊厳や権利を尊重しようと合意した社会。そこから一歩も前進していないどころか、後退しているのが今という社会の現実なのだろうか。

博士は、それには答えず力みのない口調で続ける。

「私たちはお互いに守り合うべきだと私は思っています。他人を守ること、他人への責任というものが、誰にとってもあるのです。他の人が被害を受けた時に阻止しようとすること、被害を与える行為が陰でこっそり行われないように、世間に公表する努力をすること。そしてその対象は、人だけではなく生物全てだと思うのです」

博士の方針の背後には大学生時代の経験があった。一九七〇年代から八〇年代に多くの友人が警察や軍に拘束され、拷問で死亡したのは、人生を決定付ける経験だった。人権侵害を暴き、明らかにする努力をしていきたいと思ったと言う。

博士は、人権活動で裁判を起こされたり任務を解かれたりと、様々な目に遭ってきたが、逮捕されたのは今回が初めてだ。

「今は人権を完全に無視しようという時期に入っていると思います。人権活動家や私のような活動をしている人たちが、裁判にかけられる時代です。人権が弾圧下に入っていると言えるでしょう」

ただ、拘置されている間、刑務所の職員は「先生」と呼んで敬意を示し、とても丁寧に扱ってくれたのだと言う。

それにしても、拷問や虐待を受けた人々を調査し、その回復を支援し、政府に人権侵害を質し対峙する仕事は、並大抵の神経ではできない。心身ともに大きなエネルギーが要求される。だが博士は、この仕事に携わることで、心が落ち着き力を得ているのだと、これまたさらりと語る。

「今、他人のために戦うという価値観がなくなりつつあります。長い目で見れば、それは精神的に健康なことではありません。他者のために戦わない、何も知らない、何も見ないふりをするという考え方は、個人をだんだんと孤立させ、憂鬱にさせていくのです」

今の世界は人と人との間の強いつながりや愛情の結びつきがなくなってしまったように見える、と博士は言う。

「人権のための戦いは、常に人と手を取り合いつながり、連帯していくことなのです。私は、その過程で救われています。新たな戦いに挑むことで私は心が落ち着き楽になり、力を得られているのです」

二時間が過ぎていた。次の約束があるから、とフィンジャンジュ博士は別れの言葉を言った。博士の語り口は最後まで淡々として変わらなかった。語られなかった過去の重みが余韻となり、しばらくの間、私の体に残っていた。

第二章

国際社会は沈黙した

「トルコのクルド人虐殺をEU（欧州連合）は無視する　エルドアン（トルコ大統領）が移民問題を片付けてくれるなら」

二〇一六年三月六日夕、こんな刺激的な見出しの英文記事を自社のニュースサイトに掲載したのは、ロシアの政府系通信社スプートニクである。ただし記事は、ドイツの保守系新聞ディ・ヴェルトが掲載したクラウディア・ロート独連邦議会副議長のインタビュー「EUは致命的なほどにエルドアンに依存している」を引用したものであった。ドイツ紙の記事をこの日、ロシアの通信社が掲載したのは、「人権」をツールにした当事者不在の大国のゲームの一端である。

ＥＵを揶揄するロシア

この記事の掲載は、翌七日に開かれるトルコＥＵ首脳会談に合わせたものだ。会談の議題は、欧州に押し寄せる難民をいかに抑制するかであった。二〇一五年、欧州には百万人を超える難民が中東やアフリカから到着し、第二次大戦以来といわれるその人数はＥＵの難民政策を破綻させていた。難民は、内戦が続くシリアやアフガニスタン、イラクからの人々が過半数を占め、トルコを経由して欧州を目指していた。

当時トルコはすでに、三百万人近いシリア難民らを抱えていたが、難民を通過させずにトルコ国内に留める代わりに、ＥＵが三十億ユーロを支援することなどを盛り込んだＥＵとの「共同行動計画」に二〇一五年十一月末、合意した。それから四カ月後となるトルコＥＵ首脳会談では、追加の支援金やトルコからのビザなし渡航、ＥＵ加盟交渉の再開などを詰める予定だった。ＥＵ内では「トルコの協力なしには難民流入は抑えられない」という見方で一致していた。

トルコが「対テロ作戦」をジズレなどで大規模に実行し多数の市民が死亡したのはその

四カ月の間だったが、ＥＵは沈黙していた。ジズレにいたファイサル・サルユルドゥズ議員やクルド系団体が介入を訴え続けたが、ＥＵから反応はなかった。

ディ・ヴェルト紙のインタビューでロート副議長は「トルコが世界で最も難民を受け入れている国であることは、まず認めなければならない」と前置きした上で、次のように述べる。

「ＥＵは、致命的なほどにエルドアン大統領に依存しており、この独裁者の手中にある。外交政策が国内の政治的利益を基に作られる場合、人権と法の支配の状況は無視されてしまう。トルコからの難民の流入を何としても阻止したいと考えているＥＵは、法の支配をもはやトルコに要求していない。ＥＵは、恐喝を受け入れているのだ」

「エルドアン大統領が、野党と少数民族を弾圧し、トルコ南東部でクルド人に対し残虐な戦争を仕掛けているが、ＥＵからは批判の声は聞こえてこない」

ＥＵの実際問題を指摘する、率直で痛烈な言葉だった。

ロシアは、すかさずこの記事を利用した。人権派で知られるロート副議長に賛同する形を取りながら、「世界の人権擁護のリード役」を自認するＥＵのダブルスタンダードを揶揄し、トルコがEU加盟で求められる人権基準に達していない事実を強調した。ロシアには、トルコとEUの関係を弱める機会であっただろう。実は、トルコのクルド弾圧を使ったロシアのこのゲームは、これより一カ月前に始まっていた。

メディアも動員してのジズレルポ

二〇一六年二月四日、ロシア外務省定例会見でザハロワ報道官は、「トルコ南東部で人権状況が悪化している」とジズレ問題を取り上げた。治安部隊が非武装の市民を銃撃した事件についてゼイド・ラァド・アル・フセイン国連人権高等弁務官がトルコ政府に独立した調査団を受け入れるよう求めたことを取り上げ「支持する」と表明し、「民主主義と人権という欧州の共通の価値に忠実である国で、起きてはならないこと」と説いてみせた。さらに「トルコでは報道の自由が侵害されている」ことも指摘し、トルコ人のノーベル文学賞作家、オルハン・パムクが「難民問題に手を縛られ、トルコの民主主義の状況から目を背けた」と述べてEUを批判したことまで紹介した。

「我々は彼を支持します」

報道官はこれも忘れずにつけ加えた。

メディアの動員は続いた。ジズレで七十九日間の外出禁止令が一部解除されてから二週間ほどしか経っていなかった三月十七日、ロシア国営メディア「ロシア・トゥデイ（RT）」がジズレルポを報じたのである。担当したのはRTに所属し戦場取材が豊富なイギリス人記者だった。ジズレに実際に入った初の外国メディアが、トルコとの関係が最悪だったロシアメディアであったことは、驚きであった。RTは欧米からロシアのプロパガンダを広めるためのメディアだと非難されているが、それでも危険をかいくぐっていち早くジズレに入り、瓦礫となった市街地の様子や人々の怒りの声をリポートした事実は否めない。

ニュースサイトにアップされた映像と英文記事は、狂気が吹き荒れた後の尋常ではない静寂を伝えている。

記者は、携帯電話を初期化し、RTのプレスカードや銀行のキャッシュカードなど、ロシアに関係するものは全て置いて第三国を経由し、トルコ入りしたという。南東部ディヤルバクルの報道情報局が発行した取材許可証を持って二百五十キロ離れたジズレに向かった。途中で一泊し、軍事作戦が続行している町ヌサイビンから煙が上がっているのを目撃するが、幸運なことに、ジズレに続く道路に敷かれた検問には国軍兵士はおらず、地元の警察官が身分証明書をチェックしただけでジズレに入れた。

カメラは瓦礫と化した街並みや天井まで煤で黒くなった家屋の内壁などを映し出す。地元住民に案内された地下室は壁が崩壊しているが、強い死臭が残り、血糊の跡や砲弾の一部もあった。住民は「四、五十人が焼殺された」と訴え「非常に攻撃的で、長いあご髭を生やした、なまりの強いトルコ語を話す男たちがいた」と話し、「イスラム国（ＩＳ）」の兵士ではないかと言った。

記者は、長いあご髭の男たちはＩＳではなく、トルコ政府が支援しているシリアの反体制の、トルクメン人武装勢力ではないかと推測する。二〇一五年十一月、シリアのアサド政権を支援するロシアの戦闘爆撃機はトルクメン人の居住地域を空爆した後、領空侵犯したとしてトルコ軍に撃墜されたのだが、記事は、さりげなくロシア側の立場をアピールする形にもなっている。

この報道から六日後の三月二十三日、ロシアのラブロフ外相はモスクワで、ドイツのシュタインマイヤー外相と共同記者会見を開いた。ラブロフ外相はその場でRTのルポを引き合いに出し、トルコ南東部で「憂うべき事態が起きている」と発言した。現地調査をするよう国連人権高等弁務官に警告したとアピールするのも忘れなかった。

国際社会の冷酷な現実

ロシアの反体制派弾圧やメディア統制はよく知られているところだ。そのロシアが突然、人権をリードする国のように振る舞っているのは、クルド人の人権問題を真剣に考えていたから、ではないだろう。ロシアは一九九〇年代から二〇〇〇年代にロシアからの独立を求めたチェチェン武装勢力を叩くために、チェチェン共和国を封鎖し徹底的に攻撃した。二〇一四年には「クリミア併合」に踏み切ったことでEUから経済制裁を科された。シリアの独裁者アサド政権の「対テロ戦争」を支援するとして欧米と対立し、膨大な難民が生まれた。何かと言うと欧米から人権問題で批判され「悪役」イメージを押し付けられるロシアは、苦々しく思ってきただろう。一方、トルコとは、ロシア軍戦闘爆撃機の撃墜事件以来、一触即発の関係が続いていた。

そんな折に、トルコ政府によるクルド弾圧とEUの沈黙は、国際政治の偽善をつくロシアの憂さ晴らしには格好の材料だったに違いない。このゲームには、クルド人の苦しみは含まれていない。

冷酷な現実がここにある。国益と政治力学、経済権益がせめぎ合う国際政治の現場で、先住民や少数民族は、大国の都合に応じて「カード」や「駒」として使われてきた。半世紀以上前、ベトナムはそれを知りつつ、東西冷戦下での大国のせめぎ合いを利用して独立を果そうとした。複雑な地理と歴史に生きるクルド人はこの百年の間、自由と権利を手に入れようとしては国際社会の冷酷さを思い知らされてきた。最近では、IS掃討で勝利をもたらす中核となり多大な犠牲を払ったシリアのクルド人勢力を、同盟していたはずの米国トランプ政権があっさりと見捨てた。

善意を掲げつつ悲劇を黙認

二〇一六年五月下旬、国連は初の「世界人道サミット」を開催した。「一人でも多くの命を救うため人道危機への効果的かつ効率的な協力のあり方を協議する」ことを目的としたこのサミットのホスト国は、トルコである。ジズレの地下室で人々が虐殺されてから三カ月余りしか経過していないこの頃に、最大都市イスタンブールに各国首脳、国際機関の長、企業関係者やNGO、学者ら、百七十三カ国から九千人以上が集った。

ただ、主要七カ国（G7）からはドイツのメルケル首相を除いて首脳は出席しなかった。日本からは政府代表として福田康夫元首相が出席し、「誰一人取り残すことなく」支援の手を差し延べるべく、中東・北アフリカ地域向けに総額六十億ドルの支援を実施すると表明した。メルケル首相はトルコの人権状況に懸念を表明したが、イスタンブールから飛行機で二時間ほどしか離れていない南東部の地下室で助けを求めていた数百人の市民になぜ、支援の手が伸ばされなかったのかについては議論されなかった。美しい理想を掲げつつ、黒こげの肉片が入ったビニール袋を「あんたの娘だ」と検察官から渡された母親の痛みをさらにえぐる。そんなイベントでもある。

このサミットに参加する準備をしながら撤退した団体がいる。ノーベル平和賞を受賞した国際ＮＧＯ「国境なき医師団（ＭＳＦ）」である。自らのウェブサイトでその理由の一つを「政府の責任の矮小化」と説明している。

二〇一五年には「国境なき医師団」が運営、支援する七十五もの医療施設が爆撃された。民間人が無差別に戦闘で死傷し、欧州に向かった難民・移民は人間性に欠ける待遇をされている。こうした人道上の緊急課題を協議する会合がこれまで以上に必要とされている。しかし、世界人道サミットは善意を掲げつつ、各国政府が国際人道法や難民の権利を組織的に侵害している事実は受け入れてしまっている。

私にはジズレをめぐる各国と国際機関の姿勢が重なって見えた。トルコ軍の攻撃で助けを求める市民が叫んでいることを知りながら、自国の利益を優先して沈黙した国際社会は、人々の叫びが絶えた後に、美しい理想の旗を再び取り出し掲げている。

国連人権高等弁務官事務所（ＯＨＣＨＲ）が報告書「トルコ南東部における人権状況」を発表したのは、世界人道サミットから九カ月ほど後の二〇一七年二月だった。

トルコ政府は、ＯＨＣＨＲが求める独立した調査団を今も受け入れていない。エルドアン政権の強権体制はますます強まり、遺族らが切望する法の正義の実現は今のところトルコではあり得ない。ジズレ事件を報じたトルコ在住の記者は拘束された。とは言うものの、実際のところ、長年続くトルコ南東部の悲劇は、国際メディアには新鮮味がないのかもしれない。ジズレでは新たな建物の建築が急速に進められ、地下室があった場所はもう分からないという。新たな風景を作れば悲劇の記憶は消せると当局は考えているのだろう。

しかし、人々の叫びは埋めようとしても埋められない。それは、次代へと言葉で伝えられていくからだ。

「第三地下室」で殺害された二十歳のオルハン・トゥンチュの息子は、父親の死の翌日に生まれた。息子は父の遺志の通り「ベケシュ（孤児）」と名付けられた。なぜ、息子に「孤児」という名を？　と誰もが疑問に思った。

「孤児になった子どもたちは皆、その痛みを私たちに思い起こさせる。いつか、彼らが自らのストーリー、孤児であることの責任を、私たちに問う日が来る」

「ベケシュ」という名前にはクルドの人々に何が起きたかを伝えていく力が秘められてい

る。伝えていくのは私たちの責任なのではないか。地元紙のコラムがそう書いている。

力を持つ国々が国益を優先するばかりで、彼らの痛みと希望、怒り、そして命までを無視し続ければ、その先には予測不可能な形の悲劇が生まれるだろう。

「生ある限り、司法の場で責任者を追求する」とファイサル・サルユルドゥズ議員や虐殺現場を生き延びたファトマは誓う。しかし「民主主義は殺戮を防げなかったではないか」と怒りを抱えた若者も一方で生まれた。地下からの叫びに耳を塞いだ、あるいは聞かなかった者に残された責務があるとすれば、若者の深い絶望を記憶に留めることではなかろうか。それは、叫びを聞かなかった自分への言い訳じみた慰めに過ぎないのだろうか。

それでも私の脳裏から消えない像がある。落ちていく陽の中で、瓦礫の空き地を駆け回る子どもたち。地面からは熱が立ち上り続けている。私は聞かなかったメフメット・トゥンチュの叫びが、その風景の中で響いているような気がしてならない。「沈黙した者は、私の弔いに来させるな」

あとがき

トルコ南東部のジズレという町で、子どもや女性を含む数百人の市民が自国の軍により地下室に何日も閉じ込められた末、火を放たれて殺害された。その事件を二〇一六年春、遠方から来た友人と昼食を共にしていた時に教えられた。

「二十一世紀にそんなことがあるのか」

何度も友人にそう言った私はなんとナイーブだったのだろうかと、今となっては思う。

トルコの隣国シリアでは内戦が泥沼化していたが、人権擁護のリード役を自認する欧州連合（EU）加盟を目指し交渉を進めている、内戦状態でもないトルコでそんな虐殺が起きるとは、予想していなかった。自分の認識の甘さに打ちのめされ、間違いであって欲しいと願った。

それまでに、虐殺やジェノサイドが起きた地を歩く機会はあった。日本軍による大虐殺が起きたフィリピンのマニラ、ナチス・ドイツのダッハウ強制収容所、米国との戦争が起きたベトナム、ポル・ポト政権時代の後遺症が残るカンボジア、ロシア連邦軍が侵攻した後のチェチェン共和国、苛烈な内戦が起きたリベリアなどである。それぞれの地で狂気と暴力を生き延びた人々の希望の話や、殺害と拷問を実行した側の人々の苦しみを聞いた。なぜ人は自らの残虐性に身を任すのかという疑問への明確な回答を出せないままだったが、それでも人間は少しずつだが進歩しているのだと思っていた。

もう一つの衝撃は、我々は共犯者だという事実であった。ＥＵをはじめとし国際社会は、何が起きているのかを把握していたのに沈黙し、国際人権団体が警告していたにもかかわらず、大きく報道されることはなかった。

真っ暗な地下室に閉じ込められた子どもや若者の息遣いを想像してみる。遺体と血のにおい、飢えと渇き、砲弾の音と地響き。兵士の歌声が近づいてくる。処刑を待つしかない恐怖。自分たちがなぜ残虐な方法で殺されるのか、彼らに分かるはずがなかった。

美しい文言が並ぶ理念やテクノロジーの発達は人間の精神の進歩を意味しないのだ。生きている市民を焼き、遺体を粉々にするほどの憎悪に身を任せること、そしてそれを見ぬふりをする冷酷さ。人に潜む狂気や暴力性から逃れることは不可能なのだろうか。私はまた、同じ問いに向き合っていた。

ジズレに行かないという選択肢は、私にはなかった。その地に足を踏み入れても、遺体も地下室もすでにないことは分かっていた。しかし、人々の叫びが埋められたその地に立てば、彼らが確かに存在した痕跡を感じられるはずだった。彼らの深い絶望や我々の卑劣な沈黙について書きたいと思った。それが汎用性のない日本語であっても、である。

インターネット上にはジズレで起きていたことを伝える血も凍るような何本もの動画が削除されずに残っていた。レフィック・テキンが被弾しながら撮影した映像、メフメット・トゥンチュの地下室からの訴え、兵士がなだれ込んだ瞬間の人々の悲鳴。映像や音声を繰り返し再生した。

緊張して日本を出たが、旅は予期しない発見をもたらしてくれるものだとすぐに思い出した。

日本では時代遅れと見做されかねない価値観と共に、ジズレの人々は生きていた。誇り高く生きる。抵抗する。跪《ひざまず》かない。自分と他人の尊厳を守り抜き人間として死ぬ。そういったことである。

七十九日間の外出禁止期間中、ジズレを一歩も出ずに状況を発信し続けた国会議員のファイサル・サルユルドゥズは、困惑し、深く傷付いていた。救えなかった友人たちの黒こげの遺体の断片を冷静に手で拾っていた自分を語り、人間はなぜあそこまで残虐になれるのかを考え続けているとつぶやいた。

「人間の深層には残虐性が存在する。私も（兵士らと）同じ人間で、私の中にも同じ残虐性の芽があるはずだ。それに気付き、怒りは自分自身にも向きました」

痛めつけられて見えない血を流している人からの言葉であるとは信じ難かった。胸を突かれて、私はあやうく落涙するところだった。人権擁護や自由、民主主義を語り、虐殺に沈黙した先進国の為政者たちは、自らの深淵を覗いたことがあるだろうか。ファイサルの深さは、複雑な地理と歴史の中で、自由を求めるたびに弾圧され、また立ち上がって来たクルド人の血ゆえなのだろうか。私には分からない。

運転手のセリムと、通訳を務めてくれたムスタファと出会えたのは幸運だった。彼らの仕事ぶりと人柄は、私が共に仕事をした人たちの中でトップクラスだったと思う。世界各国で仕事をした高橋邦典カメラマンも同じ意見であったから、決して大袈裟ではないはずである。セリムは、私たちがインタビューのために市庁舎や民家で何時間も過ごした後でも、すぐに車を発車できる状態で待っていてくれた。木陰もない炎天下でいったい、どうしてそんなことができるのか不思議だった。彼はイスラム教の断食月を忠実に守っていて水も飲まずにいたのに、である。ムスタファは、ともすれば拘束される可能性がある難しい現場を切り抜けるためにあらゆる努力をし、また、クルド人を取り巻く政治や歴史を解説してくれた。「それは高すぎるな」。仕事の謝礼が高すぎるのはよくない、と受け取る側から諭されたのは初めてだった。私が提示したのは、外国メディアがこの地域で支払う平均額より少なかったのだが。誇り高い人たちに軽率に金銭の話をしてしまったような気持ちになり、赤面した。

ジズレでの取材を終えた後、セリムは百五十キロほど西に車を走らせ、日没後に私たちはシリアとの国境の町マルディンに着いた。宿に荷物を置いてから、連れ立って夜の中心街を散歩した。数千年の歴史の中で、様々な文明や宗教、民族が行き交ったマルディンは、今も人口の大半をクルド人のほか、アラブ人、アッシリア人らこの国の「マイノリティ」が占めている。町を見下ろす岩山に建つ城とモスクのミナレットがライトアップされ、夜空に幻想的に浮かび上がっている。それを眺めながらコーヒーが飲める屋外カフェで私たちは休息した。夕食を終えた家族がゆったりとコーヒーを飲んでいる。ムスタファが選んだ、この店で一番人気というコーヒーは小ぶりのカップに控えめに注がれていて、種類は分からなかったが濃くて甘く香り高く、緊張が続いた日々への褒美のようだった。マルディンでも時折、自爆テロが起きていて外国人観光客の姿はほとんどないのだが、それでもコーヒー一杯の質の高さは保たれている。そのことに私はしみじみと感動した。

破壊されたジズレの中心部にもかつて、焼き上がるパンの香りが漂う通りや人々が集い世間話をするカフェがあった。オルハンの妻やメフメットの娘たちが、夜空を眺めながら甘くて香り高いコーヒーを飲むひとときがあるだろうか。瓦礫の空き地の熱がまだ体に残っていた私には、マルディンの平和が切なくもあった。

トルコを離れて間もなくクーデター未遂が起き、その後はセリムとムスタファの二人とは連絡がつきにくくなった。二人が家族と共に無事であることを願っている。

エルドアン大統領の強権体制は、新型コロナウイルスの感染拡大をきっかけにさらに強まり、政権批判を抑え込むため、ＳＮＳ（交流サイト）の監視も法的に可能になった。トルコだけではなく、世界全体がそんな動きの中にある。都合の悪い事実は存在しなかったことにできる社会、安全のため沈黙することに人々が慣れてしまう社会に近づきつつあるのだろうか。

南東部の虐殺を詳細に伝えていたニュースサイト「ビアネット」は、磔刑に処された九世紀のイスラム神秘主義者マンスール・アル＝ハッラージュの言葉を引用している。「地獄とは、私たちが苦しんでいる場所のことではない。苦しんでいるのを誰も見ようとしない場所のことである」

名前を挙げることはできないが、複数の人々に並々ならぬ協力をいただいた。彼らがいなければ取材の多くは実現不可能であったし、そもそもこの本が生まれることはなかった。ジズレの虐殺が埋もれてはならないという彼らの熱意に敬意と謝意を表する。

このテーマに価値を見出して下さった河出書房新社の阿部晴政氏に心から感謝します。

舟越美夏《ふなこし・みか》

福岡県生まれ。上智大学ロシア語学科卒。一九八九年共同通信社入社。秋田、福岡、北九州各支社局を経て、九七年から金融証券部、経済部。九九年外信部。二〇〇一年からプノンペン、ハノイ、マニラ各支局長を歴任し、その間にカンボジアの元ポル・ポト派最高幹部、アフガニスタン戦争、スマトラ沖地震津波、ミャンマーの反政府デモ、ベトナムの枯葉剤被害などを取材した。〇九年に本社に戻り、外信部、デジタル編成部に所属する傍ら、世界各国で取材。米オバマ政権誕生に尽力した若者ら、チェチェン紛争に派遣された元ロシア軍特殊部隊兵士、米軍グアンタナモ収容所の元収容者、中国政府の弾圧に焼身抗議したチベット人少女の母親ら、テーマは多岐にわたる。一九年共同通信社退社。著書に『人はなぜ人を殺したのか　ポル・ポト派、語る』（毎日新聞社）、『愛を知ったのは処刑に駆り立てられる日々の後だった』（河出書房新社）。

その虐殺は皆で見なかったことにした
トルコ南東部ジズレ地下、黙認された惨劇

二〇二〇年一一月二〇日　初版印刷
二〇二〇年一一月三〇日　初刷発行

著者　舟越美夏
ブックデザイン　鈴木成一デザイン室
写真　高橋邦典
発行者　小野寺優
発行所　株式会社河出書房新社
〒一五一−〇〇五一　東京都渋谷区千駄ヶ谷二−三二−二
電話　〇三−三四〇四−一二〇一［営業］　〇三−三四〇四−八六一一［編集］
http://www.kawade.co.jp/
組版　大友哲郎
印刷・製本　株式会社暁印刷
Printed in Japan　ISBN978-4-309-22813-6

愛を知ったのは
処刑に駆り立てられる日々の後だった
舟越美夏

自爆テロを思いとどまった女性、ロシア軍の特殊部隊の兵士、元ポルポト派少年兵、チベットで焼身自殺した少女など、生と死、愛と憎しみの坩堝を生きる人々を描く極限のノンフィクション。